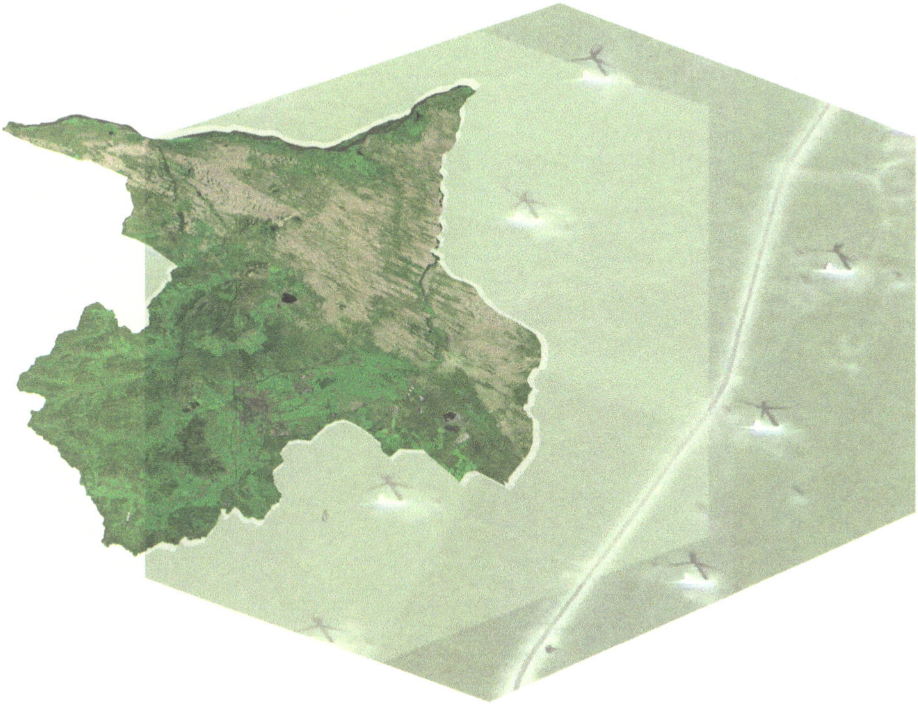

星瞰龙凤之乡
——翁牛特旗

张彦辉　主编

内蒙古科学技术出版社

图书在版编目（CIP）数据

星瞰龙凤之乡：翁牛特旗 / 张彦辉主编. — 赤峰：内蒙古科学技术出版社, 2024.3
ISBN 978-7-5380-3676-3

Ⅰ. ①星… Ⅱ. ①张… Ⅲ. ①区域经济发展—成就—翁牛特旗—画册 Ⅳ. ①F127.264-64

中国国家版本馆CIP数据核字（2024）第054732号

星瞰龙凤之乡——翁牛特旗

主　　编：张彦辉
责任编辑：季文波
封面设计：王　洁
出版发行：内蒙古科学技术出版社
地　　址：赤峰市红山区哈达街南一段4号
网　　址：www.nm-kj.cn
邮购电话：0476-5888970
印　　刷：内蒙古达尔恒教育出版发展有限责任公司
排　　版：赤峰市阿金奈图文制作有限责任公司
字　　数：80千
开　　本：787mm × 1092mm　1/16
印　　张：7.25
版　　次：2024年3月第1版
印　　次：2024年3月第1次印刷
书　　号：ISBN 978-7-5380-3676-3
定　　价：50.00元

如出现印装质量问题，请与我社联系。电话：0476-5888926　5888917

前　言

翁牛特旗位于赤峰市中部，地处西辽河上游、科尔沁沙地西缘。境内沙地面积727.4万亩，占赤峰市沙地总面积的25.5%，是赤峰市分布最广、面积最大、沙化最重、治理最难的沙地分布区，俗称“八百里瀚海”。一直以来，翁牛特旗人民都在与沙地进行着顽强的斗争。尤其是党的十八大以来，翁牛特旗积极响应国家生态文明建设的要求，着眼打造我国北方重要生态安全屏障，从实践中探索总结出“以路治沙、依路致富”的治沙模式，经济社会得到长足发展，脱贫攻坚成果丰硕，乡村振兴持续推进，在文化旅游和特色农业等方面都打造了诸多响亮的名片。现在，“一环三区七园”环城产业带蓬勃发展，“两山一河多节点”生态景观工程加快建设，少郎河综合治理二期工程启动实施，教育和医疗的软硬件设施都全面提升……“龙凤之乡”早已今非昔比。

本书从太空的视角，利用遥感卫星技术，以时间为主轴，客观地记录了近年来翁牛特旗城市与乡村在经济社会发展与百姓生活水平方面的变化。书中所有地图的底图审图号为蒙S［2019］33号，使用的卫星数据为国内外公开共享数据，数据处理软件也有正版序列号，不存在任何侵权行为。

在该书出版之际，感谢翁牛特旗人民政府、赤峰市自然资源局和赤峰市气象局的大力支持。在本书编写过程中，虽然编委会人员投入了大量的时间和精力，但肯定还会存在不足之处，请广大读者批评指正。

目 录

第一章　奋进发展的乡镇苏木

一、乌丹镇——旗政府所在地

乌丹镇地处翁牛特旗中部，是翁牛特旗政府所在地和政治、文化、经济中心。乌丹镇城市规划控制范围面积达81平方千米，中心城区面积约25平方千米，城市定位为宜居宜业宜游的文化旅游城市。

图1-1　乌丹镇卫星遥感图

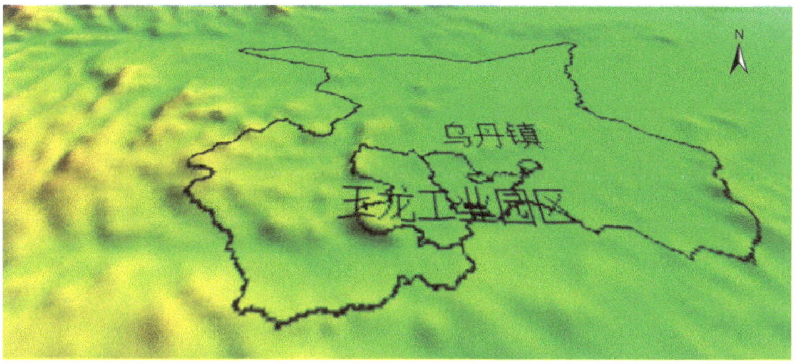

图1-2　乌丹镇地势高程图

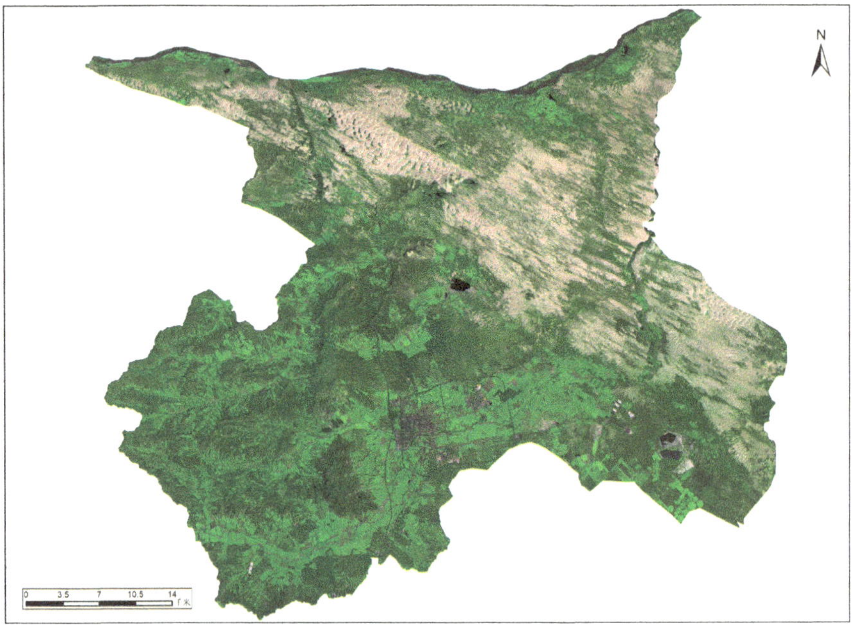

图1-3　乌丹镇卫星遥感植被图

图1-4　乌丹镇城区卫星遥感图

图1-5　翁牛特旗政府广场

二、乡镇苏木

1. 新苏莫苏木

新苏莫苏木位于翁牛特旗东北部西拉木伦河南岸，是西辽河流域西拉木伦河与老哈河交汇的三角洲。地势平坦，属于冲积平原。全苏木下辖8个嘎查，2个村，1个农场，30个自然村。

图1-6　新苏莫苏木卫星遥感图

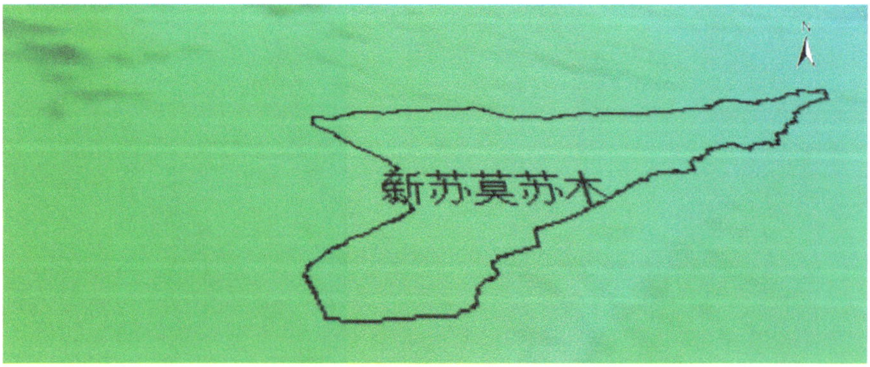

图1-7　新苏莫苏木地势高程图

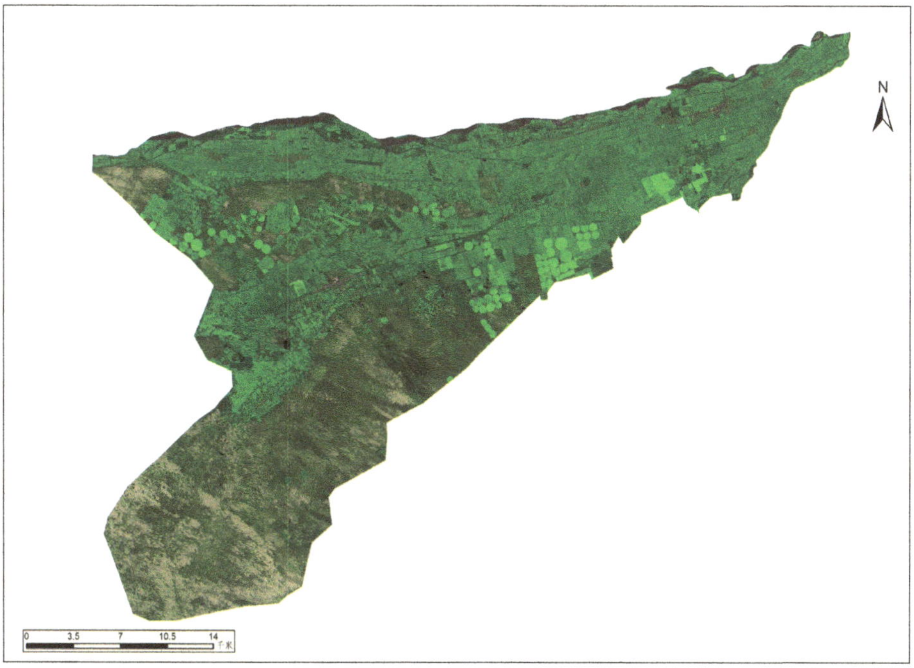

图1-8　新苏莫苏木植被覆盖图

图1-9　新苏莫苏木城区遥感图

2. 白音套海苏木

白音套海苏木位于翁牛特旗东部，科尔沁沙地腹地，地势西高东低，地形为半沙半川区，平均海拔380~450米。南北宽平均25千米，东西长120千米。苏木下辖13个嘎查，52个独贵龙。

图1-10　白音套海苏木卫星遥感图

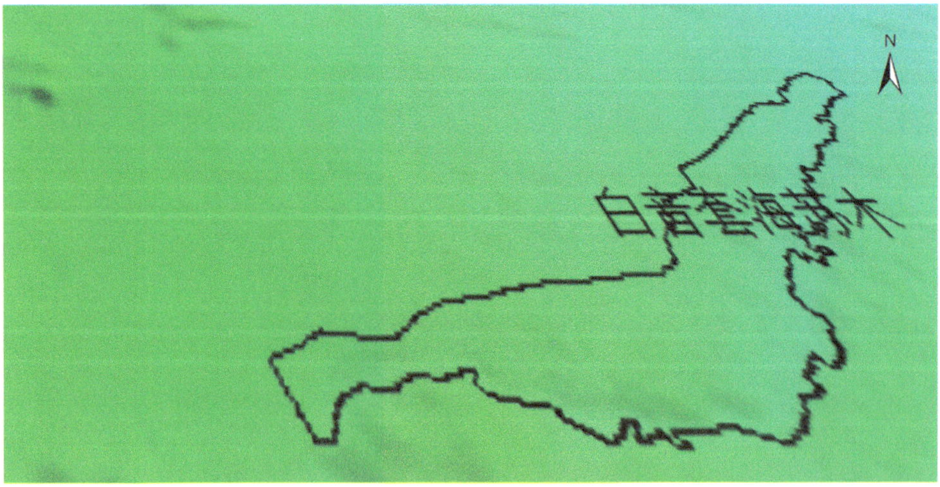

图1-11　白音套海苏木地势高程图

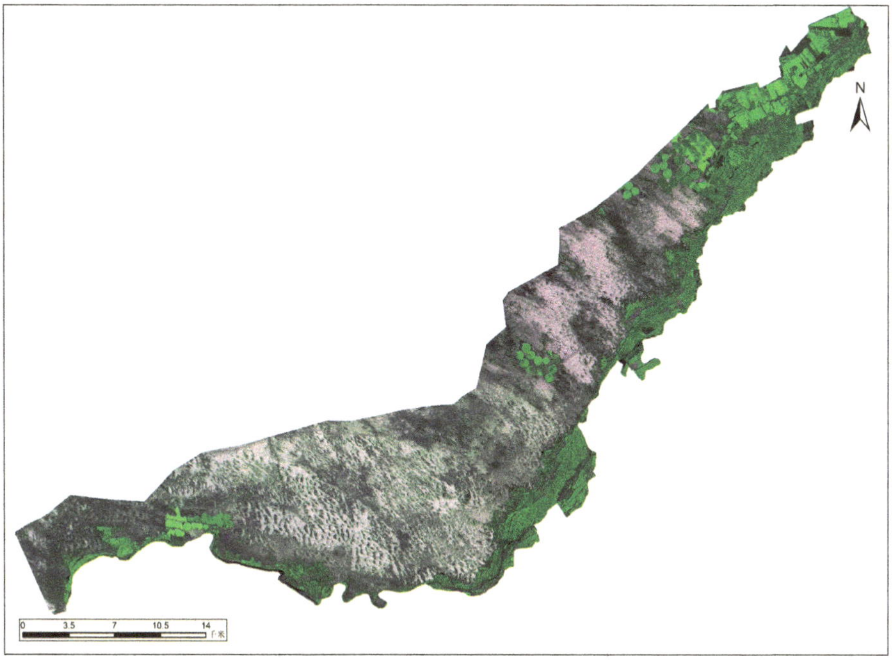

图1-12　白音套海苏木植被覆盖图

图1-13　白音套海苏木城区遥感图

3. 格日僧苏木

格日僧苏木位于翁牛特旗东部，西拉木伦河南岸，距旗政府驻地乌丹镇112千米，全苏木下辖13个嘎查。

图1–14　格日僧苏木卫星遥感图

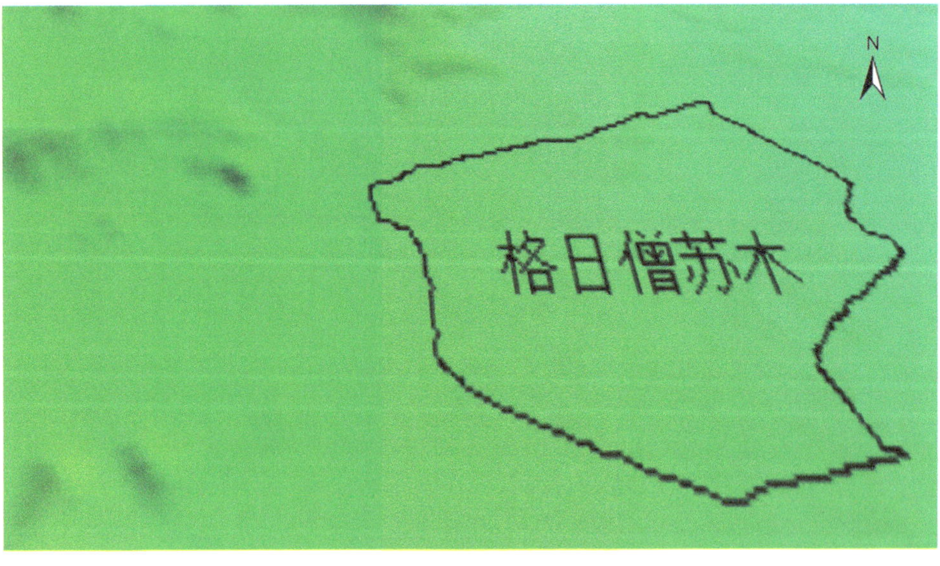

图1–15　格日僧苏木地势高程图

图1-16　格日僧苏木植被覆盖图

图1-17　格日僧苏木城区遥感图

4. 海拉苏镇

海拉苏镇位于翁牛特旗东北部，西拉木伦河南岸，地处翁牛特旗牧区中心地带，是翁牛特旗经济发展规划中重点发展的建制镇，也是翁牛特旗唯一的牧区镇。下辖4个嘎查，1个社区，3个分场。

图1-18　海拉苏镇卫星遥感图

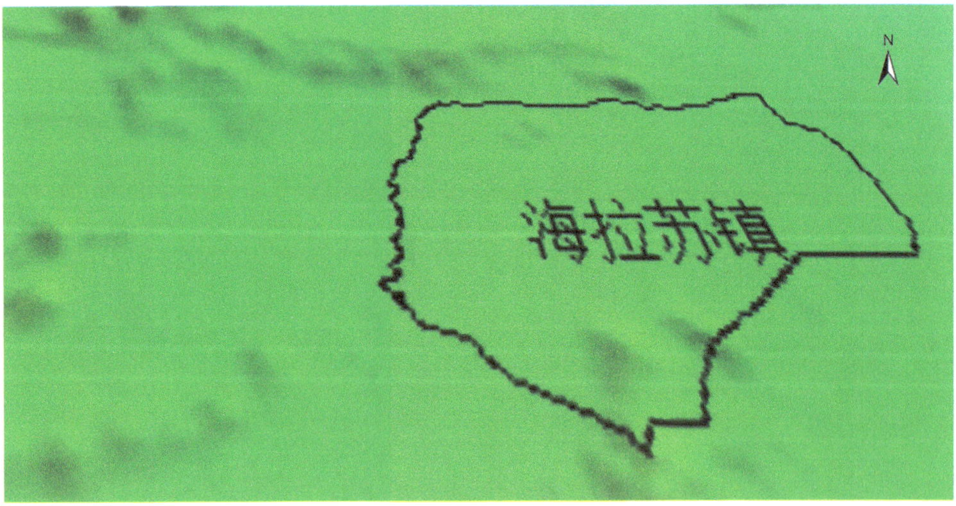

图1-19　海拉苏镇地势高程图

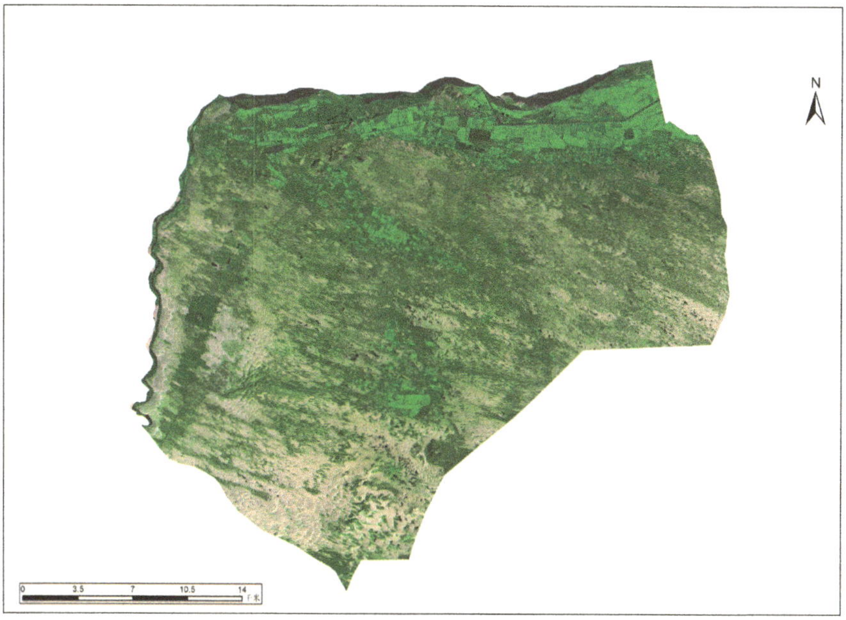

图1-20　海拉苏镇植被覆盖图

图1-21　海拉苏镇城区遥感图

5. 阿什罕苏木

阿什罕苏木位于翁牛特旗东南部，地处科尔沁沙地西缘。在145万亩总土地面积中，沙地面积117万亩，占全苏木总土地面积的80.7%，是翁牛特旗境内科尔沁沙地分布最广、面积最大、沙化最严重的牧区苏木乡镇之一。下辖6个行政嘎查，22个自然村（独贵龙）。

图1-22 阿什罕苏木卫星遥感图

图1-23 阿什罕苏木地势高程图

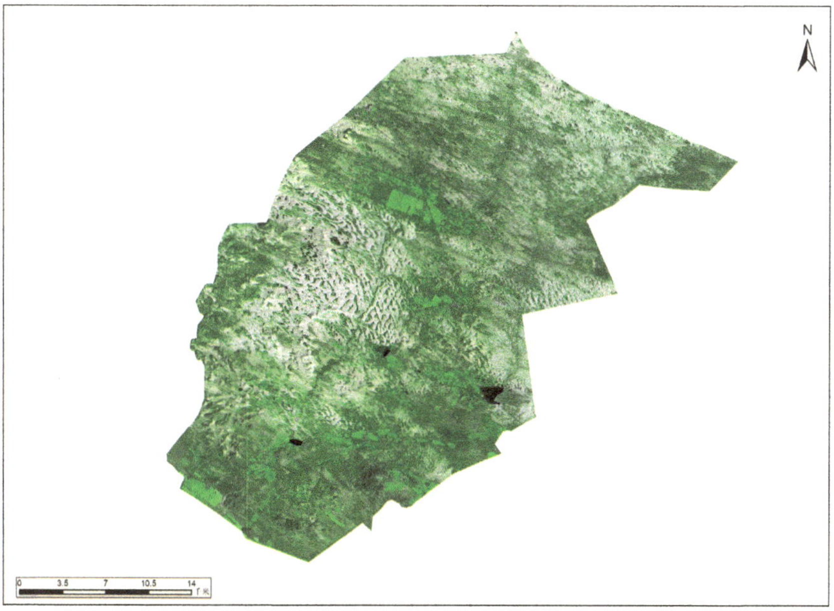

图1-24　阿什罕苏木城区遥感图

图1-25　阿什罕苏木城区遥感图

6. 解放营子乡

解放营子乡位于翁牛特旗东南部，地势西高东低，地面由西向东缓慢倾斜。全乡东西长26千米，南北宽20千米。下辖13个行政村，98个村民组。

图1–26　解放营子乡卫星遥感图

图1–27　解放营子乡地势高程图

图1-28　解放营子乡植被覆盖图

图1-29　解放营子乡城区遥感图

7. 毛山东乡

毛山东乡位于翁牛特旗西北部，地势呈现中南部山区高而陡峭，北部靠近西拉木伦河地势低且平缓。全乡下辖10个行政村，86个自然组。

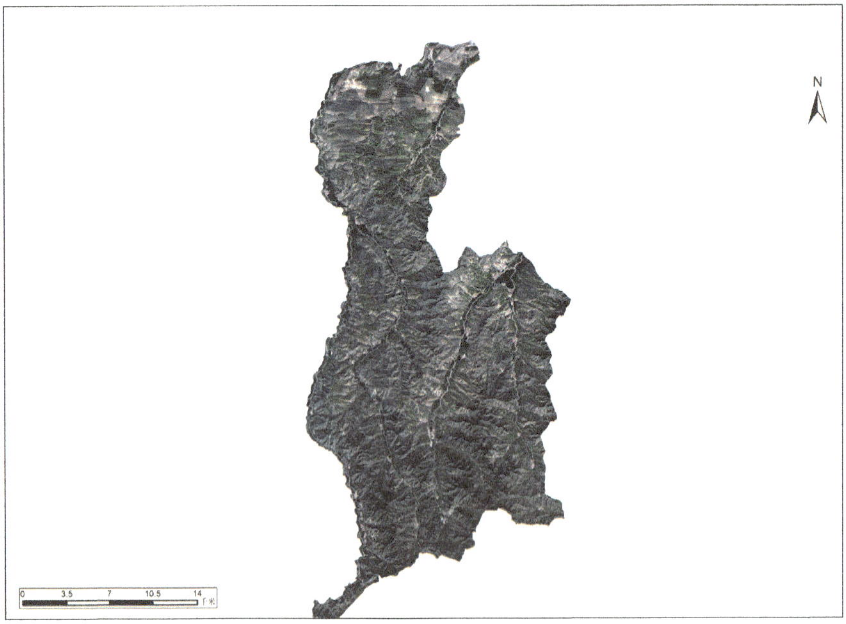

图1-30　毛山东乡卫星遥感图

图1-31　毛山东乡地势高程图

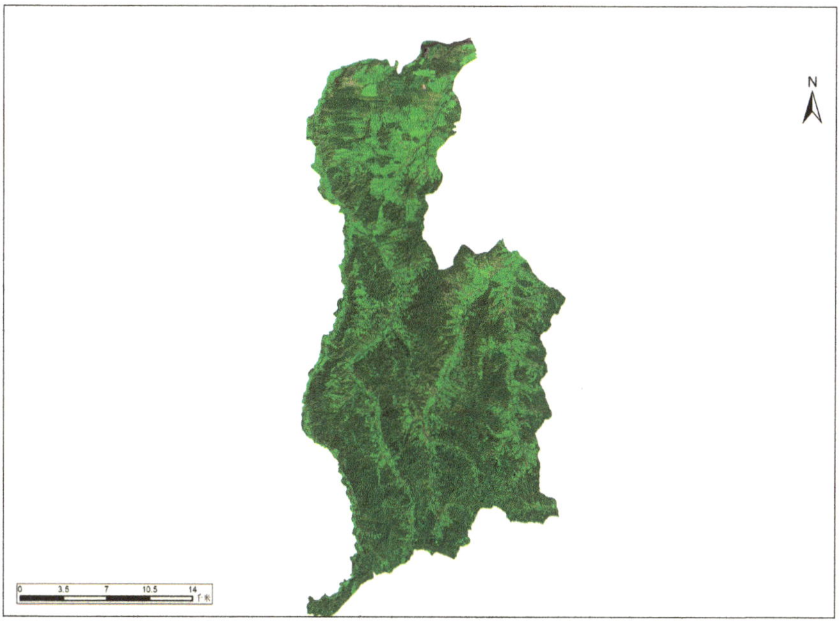

图1-32　毛山东乡植被覆盖图

图1-33　毛山东乡城区遥感图

8. 桥头镇

桥头镇位于翁牛特旗南部，地处东北黄土丘陵地区，境内地形南北侧皆为山丘，中间为羊肠河川，是羊肠河流域区，地势西高东低，地形是半山半川区。下辖23个行政村，1个社区，175个自然村。

图1-34　桥头镇卫星遥感图

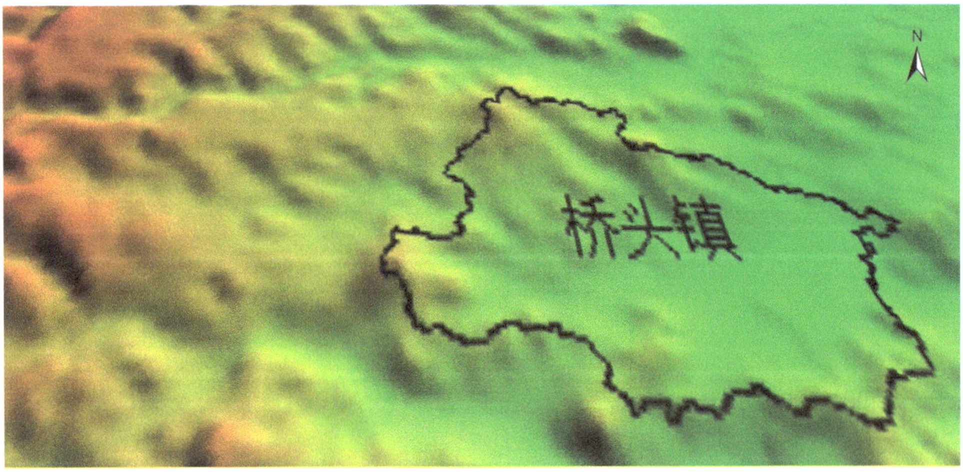

图1-35　桥头镇地势高程图

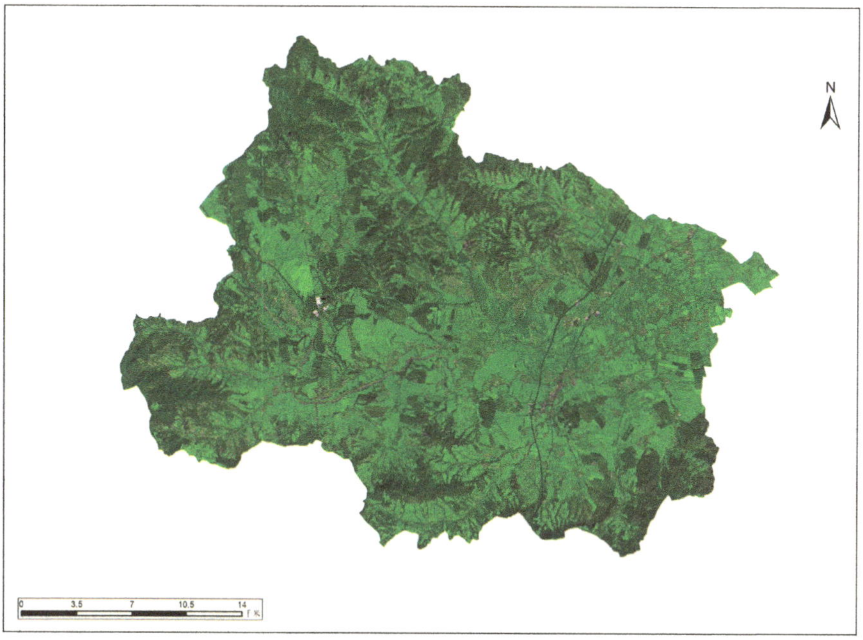

图1-36　桥头镇植被覆盖图

图1-37　桥头镇城区遥感图

9. 梧桐花镇

梧桐花镇位于翁牛特旗南部，地处黄土丘陵区，地势由西向东倾斜。一般海拔为640~750米。最高峰为郎窑子山，海拔1081.3米。全镇下辖22个行政村，94个自然村，166个村民组，2个居委会。

图1-38　梧桐花镇卫星遥感图

图1-39　梧桐花镇地势高程图

图1-40　梧桐花镇植被覆盖图

图1-41　梧桐花镇城区遥感图

10. 五分地镇

五分地镇位于翁牛特旗西北部，西拉木伦河南岸，地势南高北低。地形为丘陵坡地，西部多山，东部为沙地坨甸子。平均海拔为800~900米，境内最高峰位于月明山，海拔1800米。下辖14个行政村，1个居委会，135个村民组。

图1-42　五分地镇卫星遥感图

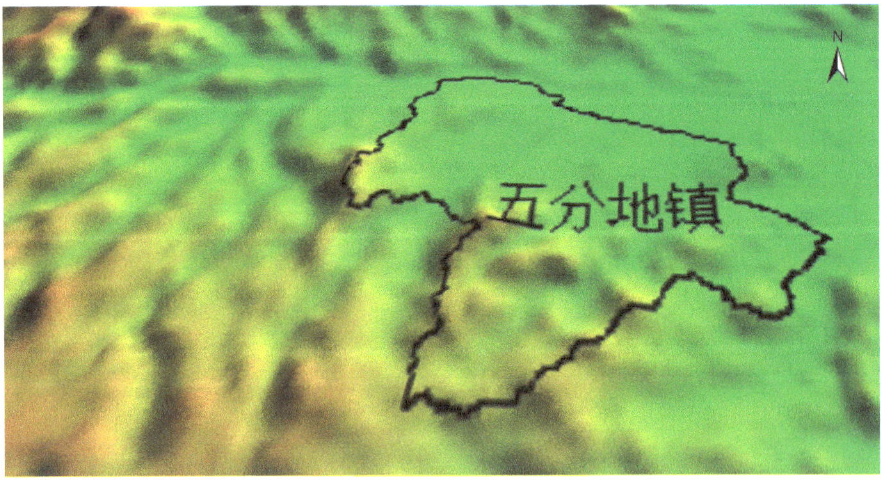

图1-43　五分地镇地势高程图

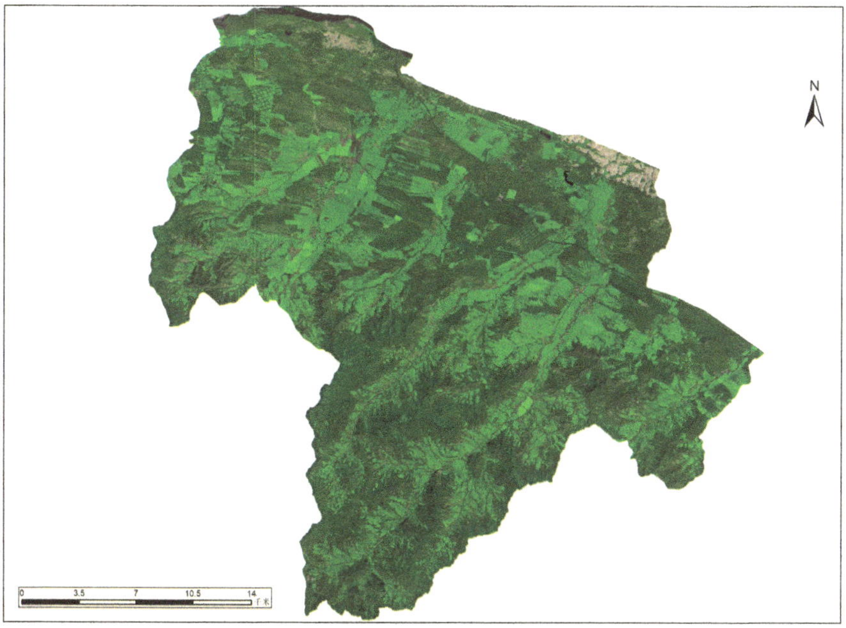

图1-44　五分地镇植被覆盖图

图1-45　五分地镇城区遥感图

11. 广德公镇

广德公镇位于翁牛特旗西部，地势西高东低，地形山峦起伏，沟壑纵横，属半山半川区。南部为高寒漫甸区。平均海拔为900~1200米。下辖14个行政村，1个居委会，154个自然村。

图1-46　广德公镇卫星遥感图

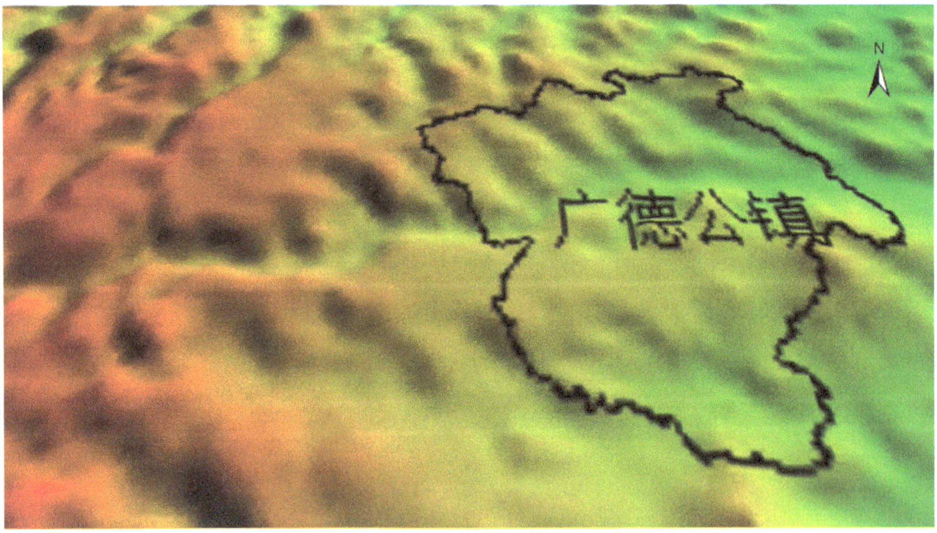

图1-47　广德公镇地势高程图

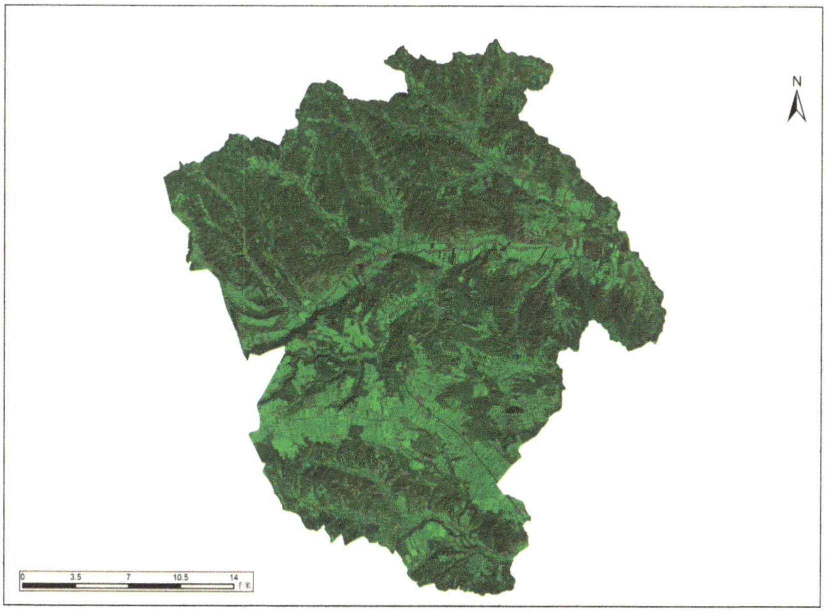

图1-48　广德公镇植被覆盖图

图1-49　广德公镇城区遥感图

12. 亿合公镇

亿合公镇位于翁牛特旗西部，地处少郎河川与羊肠子河川川头的墁甸山地，地势西北高、东南低，地形分为三类，少郎河以北为高寒墁甸山地带，少郎河以南为低缓墁甸带。境内山峰都是在墁甸上突起的草帽状的高地，最高点海拔1100米，最低点海拔500米。

图1-50　亿合公镇卫星遥感图

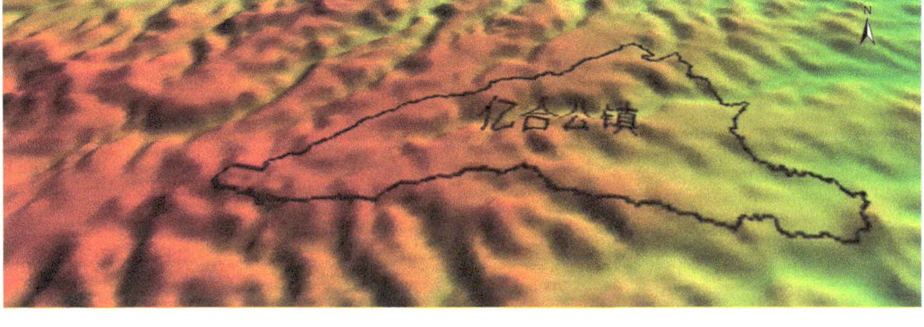

图1-51　亿合公镇地势高程图

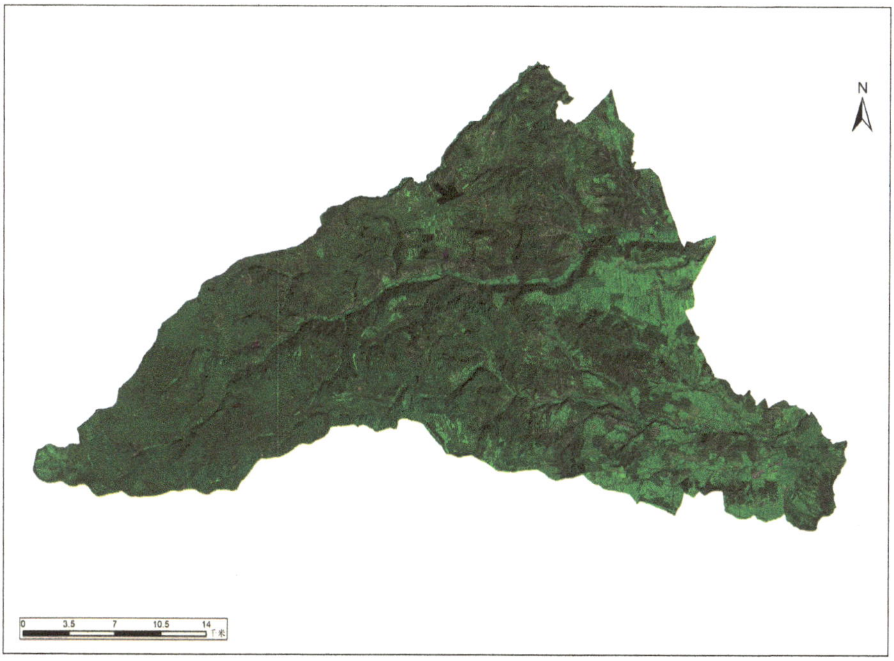

图1-52　亿合公镇植被覆盖图

图1-53　亿合公镇城区遥感图

13. 乌敦套海镇

乌敦套海镇位于翁牛特旗东南部，科尔沁沙地边缘，老哈河沿岸。地势西南高，东北低，属沙土丘陵区，海拔为400~500米。最高峰为花花山，海拔632.9米。全镇下辖17个行政村，1个居委会。

图1-54　乌敦套海镇卫星遥感图

图1-55　乌敦套海镇地势高程图

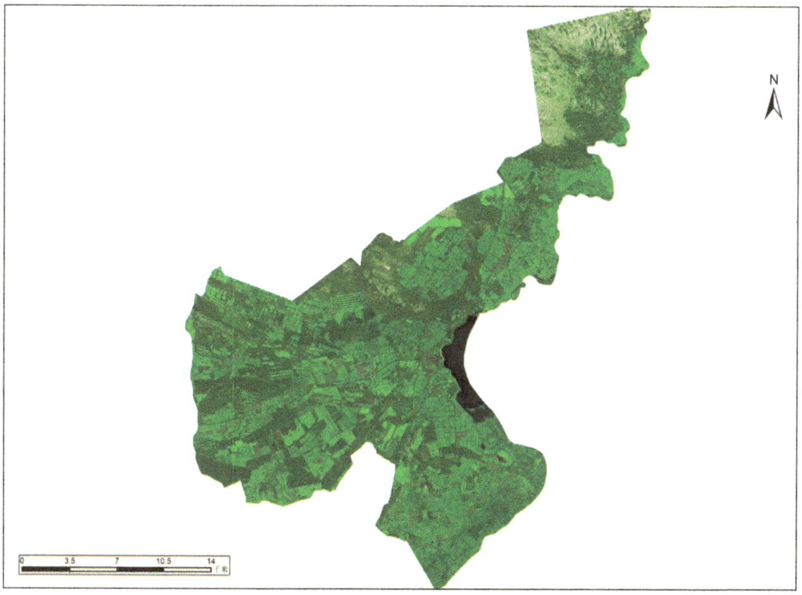

图1-56　乌敦套海镇植被覆盖图

图1-57　乌敦套海镇城区遥感图

三、环城产业带

“十四五”时期，翁牛特旗将深入推进“一环三区七园”环城产业带发展，着力打造以产兴城、以城促产、产城融合的集中集聚集约发展格局。围绕长36千米乌丹城区外环路，重点建设工业集中区、农业示范区、服务业集聚区3个片区，打造乌丹商贸物流园区、全宁文化旅游创意产业园区、医养健康产业园区、中华龙文化产业园区、德日苏生态农林休闲观光区、杨家营子现代农业示范园区、赤峰农畜产品开发区等7个园区，规划总面积83平方千米，全旗除农牧业种养、清洁能源、矿业开发、乡村旅游以外的产业全部纳入产业带。

目前，乌丹商贸物流园区、全宁文化旅游创意产业园区、医养健康产业园区、杨家营子现代农业示范园区、赤峰农畜产品开发区5个园区已经初具规模。

图1-58　乌丹城区环城产业带遥感图

第二章　持续壮大的现代农牧业

近年来，翁牛特旗立足资源优势，找准产业发力点，使现代农牧业发展取得突破性进展。2022年，粮食总产量达到25亿斤以上，出栏肉牛25万头、肉羊110万只、生猪160万口，稳居全市前列。源新园牧场、奶制品仓储中心等项目加快建设，泉渔种鸭一期、众信牲畜交易中心主体完工，强润奶牛养殖、畜牧业综合服务中心、沃金活畜交易市场、乡村振兴产业园一期建成投用。新建蒙古牛保种繁育场4处，培育嘎查村级肉牛托养中心27处、专业合作社和养殖大户81家、家庭牧场292个。农畜产品加工转化率达到72%，主要农作物综合机械化水平达到88%。

2019至2022年翁牛特旗持续推进高标准农田建设，2022年建成高标准农田20万亩，其中旱作高标准农田9.5万亩，极大地改善了西部山区耕地条件。

2020年，翁牛特葵花通过国家地理标志证明商标认证。2021年，创建绿色认证农畜产品37个，翁牛特小米、葵花通过国家地理标志证明商标认证，翁牛特大米、荞麦、羊肉通过国家名特优新农产品认证。2022年，“红山稻”区域公用品牌成功发布。

一、各乡镇农田分布

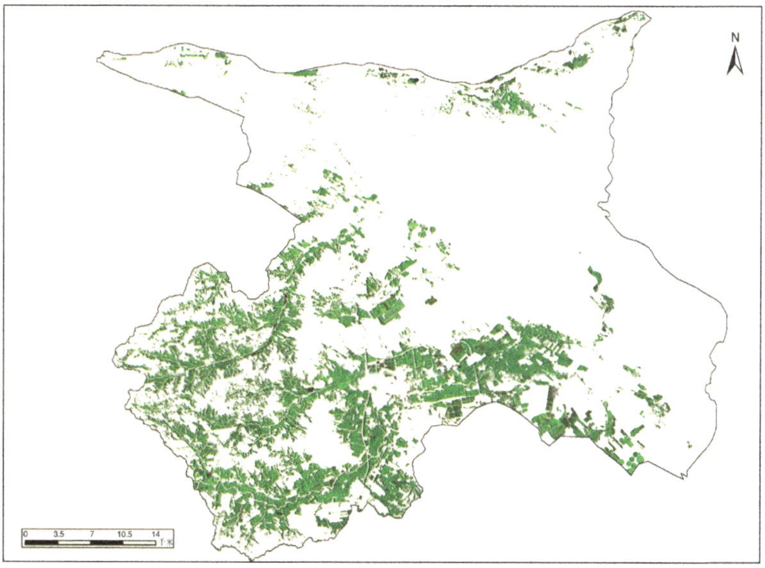

图2-1　乌丹镇农田分布图

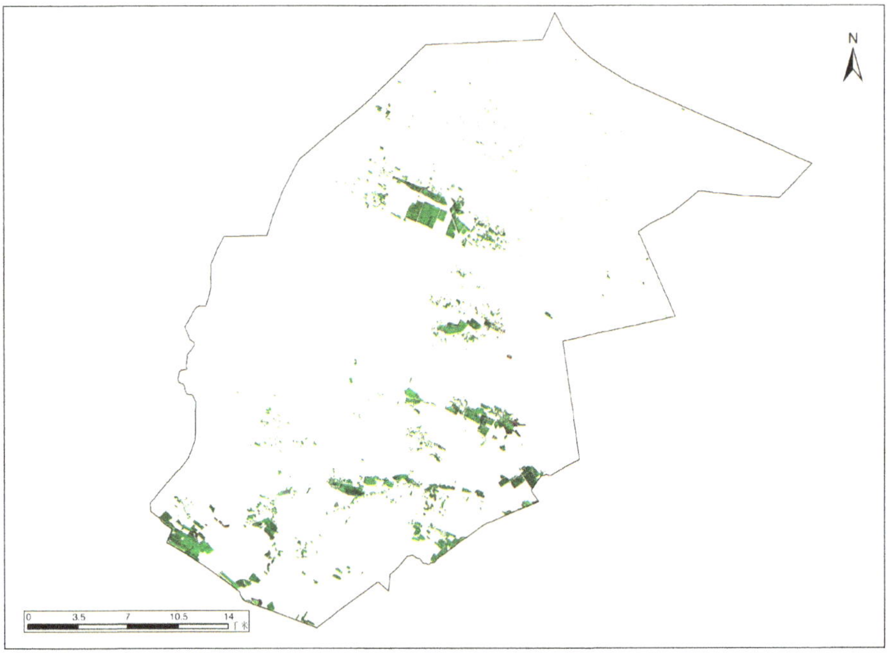

图2-2　阿什罕苏木农田分布图

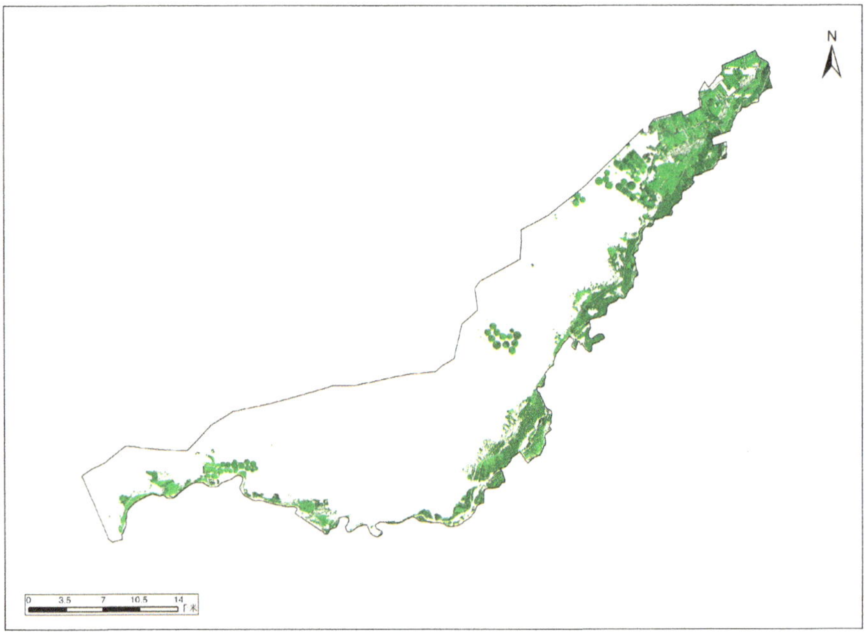

图2-3　白音套海苏木农田分布图

图2-4　格日僧苏木农田分布图

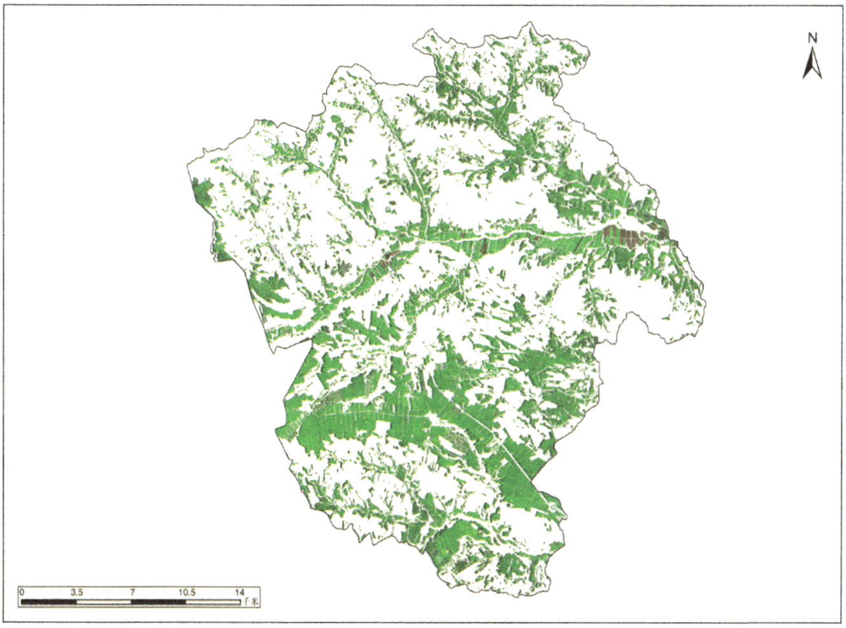

图2-5　广德公镇农田分布图

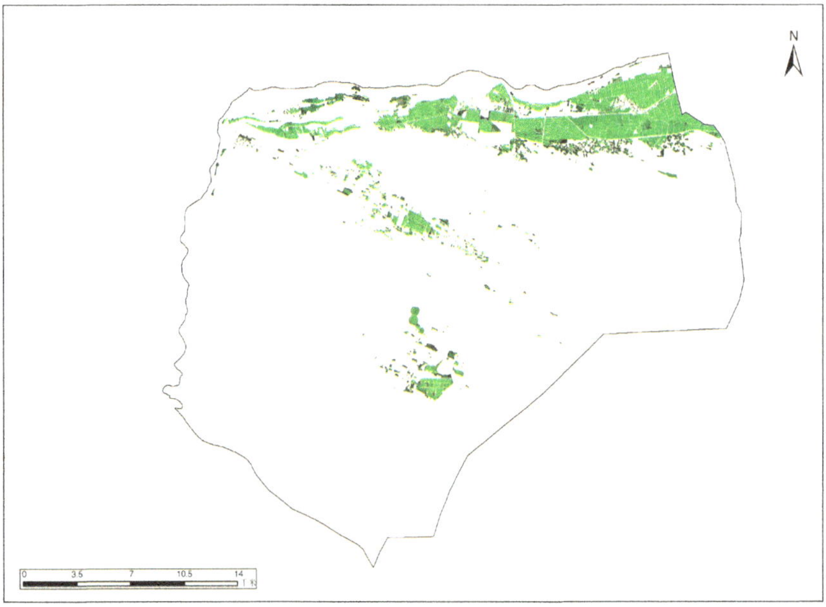

图2-6 海拉苏镇农田分布图

图2-7 解放营子乡农田分布图

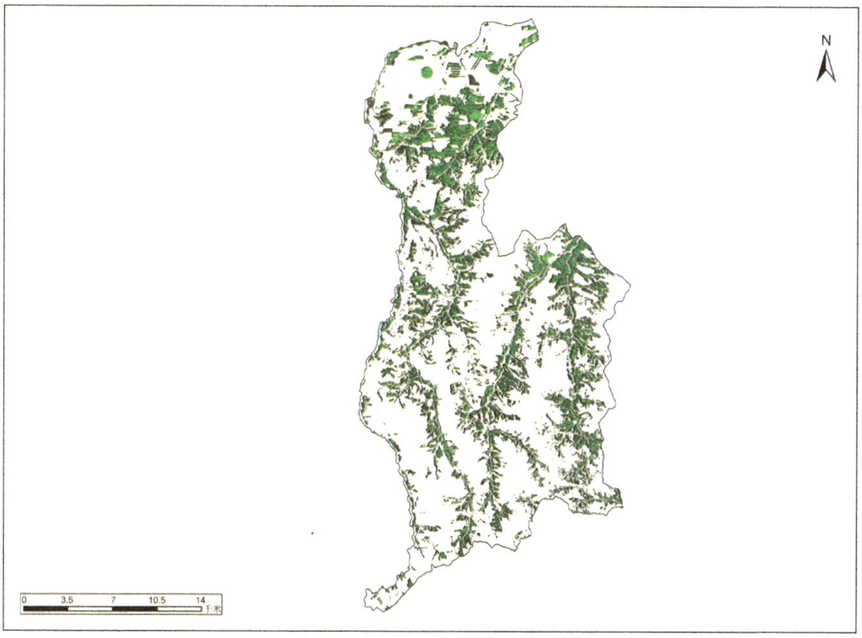

图2-8　毛山东乡农田分布图

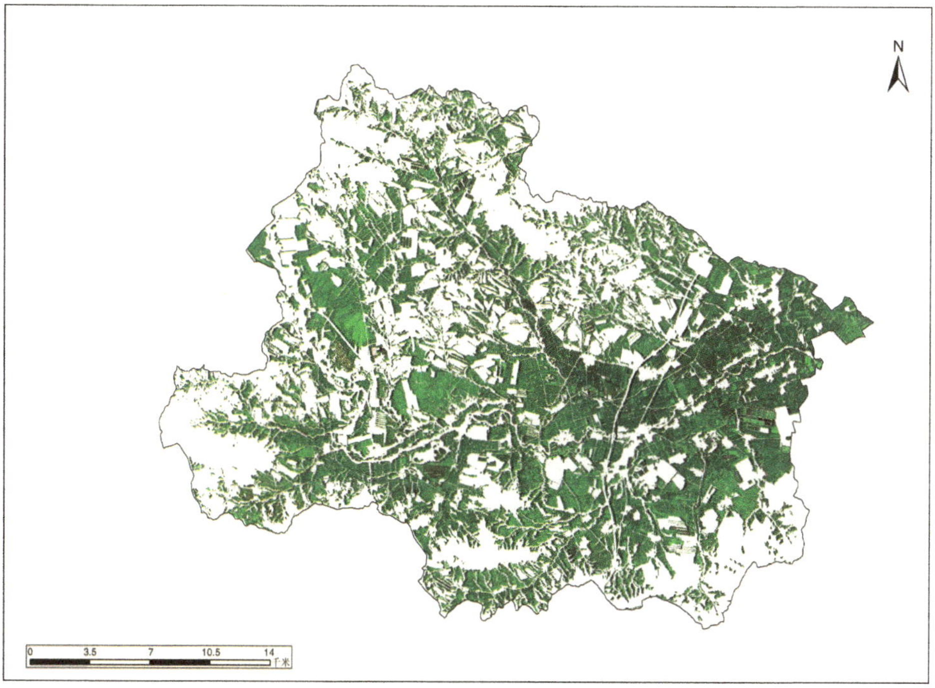

图2-9　桥头镇农田分布图

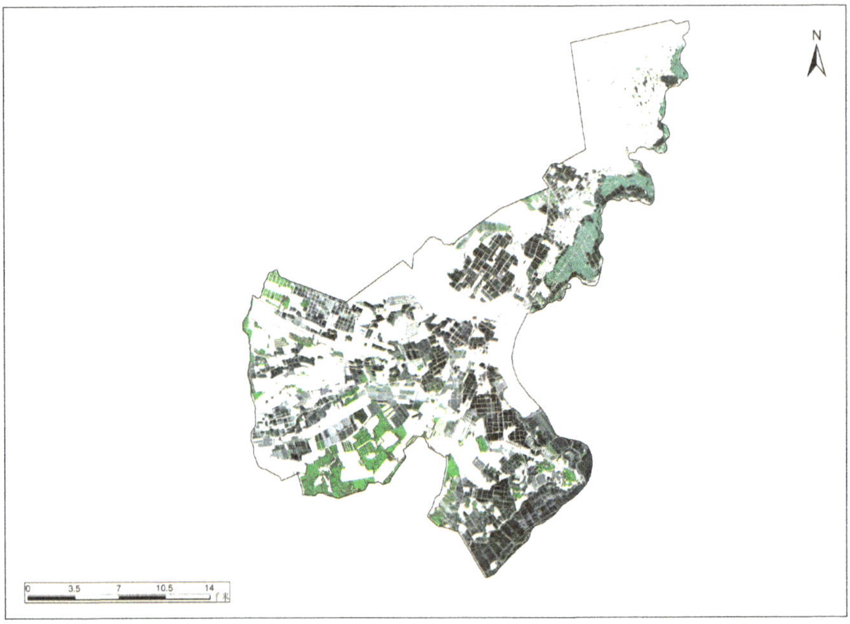

图2-10 乌敦套海镇农田分布图

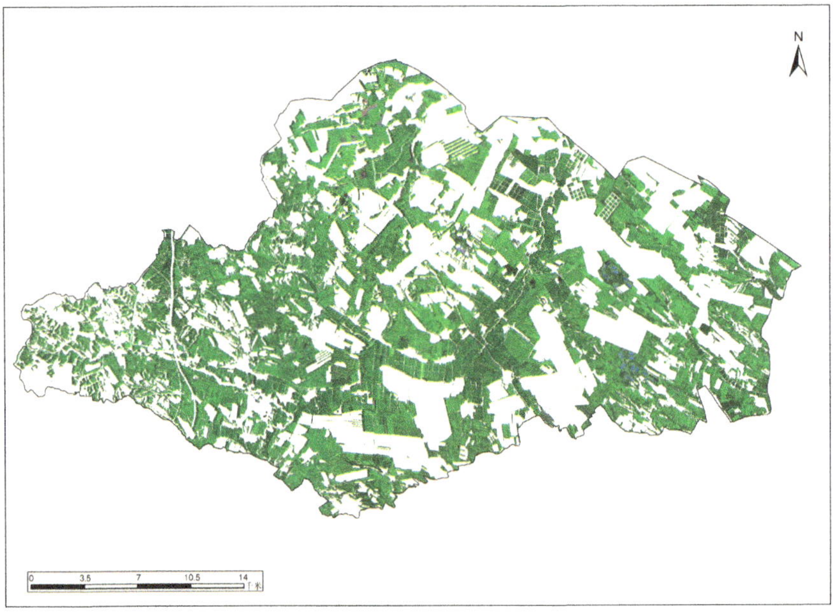

图2-11 梧桐花镇农田分布图

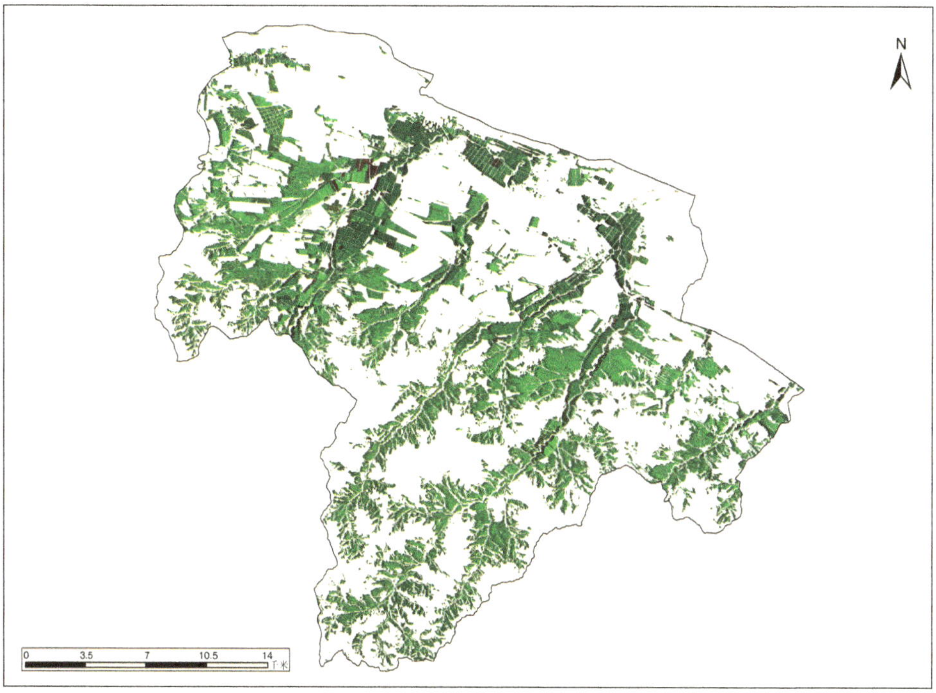

图2-12　五分地镇农田分布图

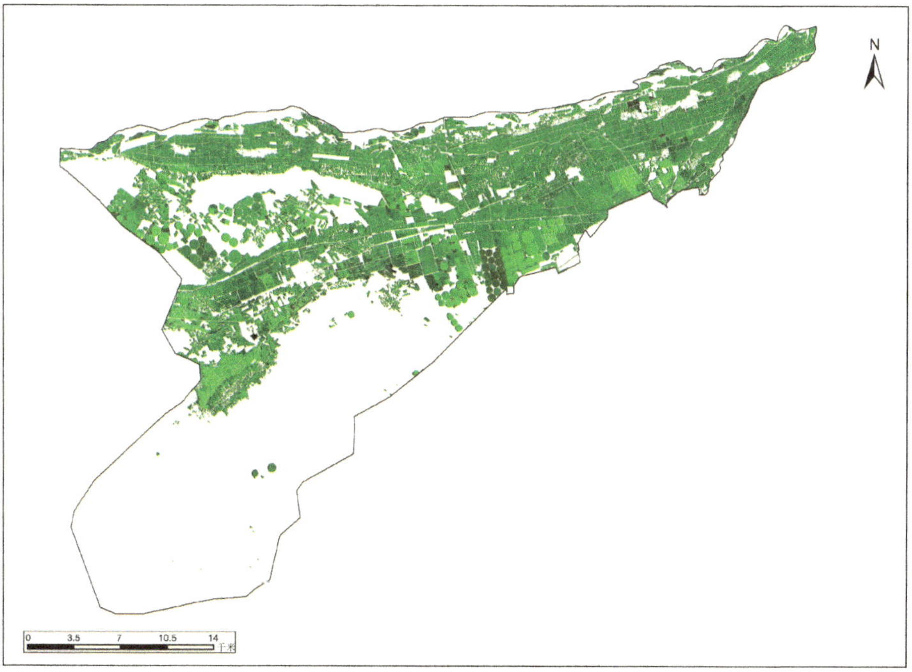

图2-13　新苏莫苏木农田分布图

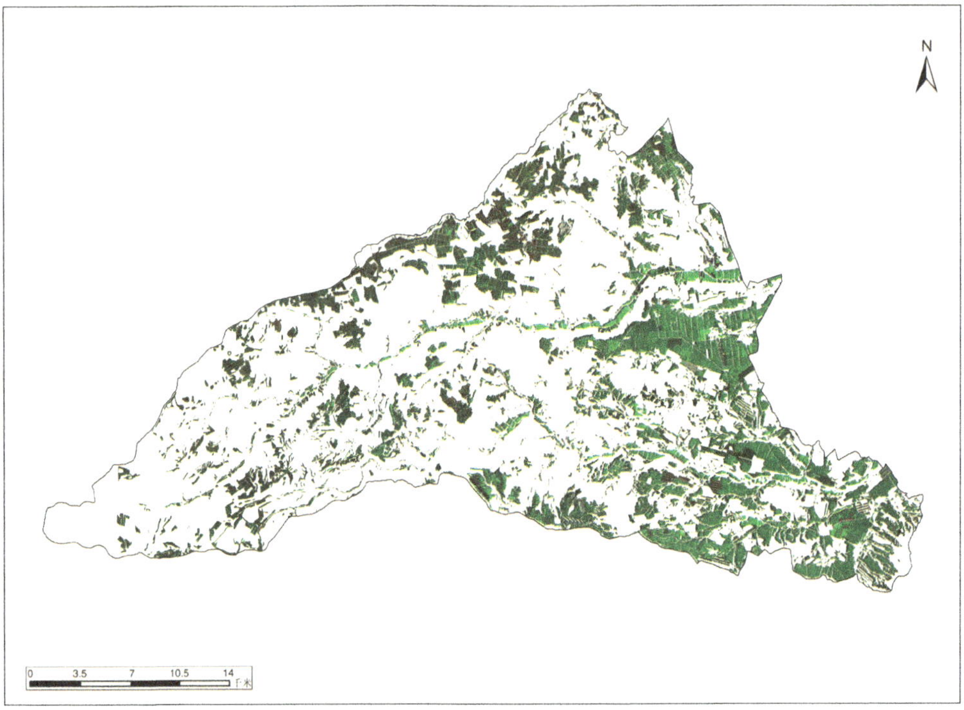

图2-14　亿合公镇农田分布图

二、旗内农牧企业

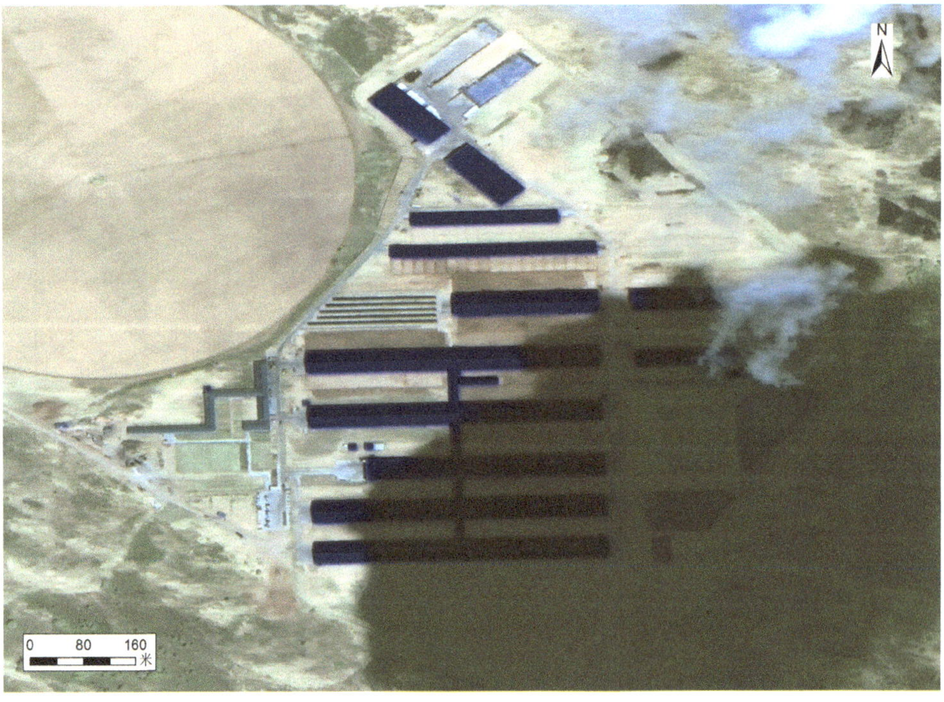

图2-15　赤峰强润牧业有限公司遥感图

图2-16 翁牛特旗畜牧业产业园区遥感图

图2-17 乌丹活畜市场遥感图

图2-18　牧原养殖场区遥感图

图2-19　牧原养殖二场遥感图

图2-20　中粮家佳康公司遥感图

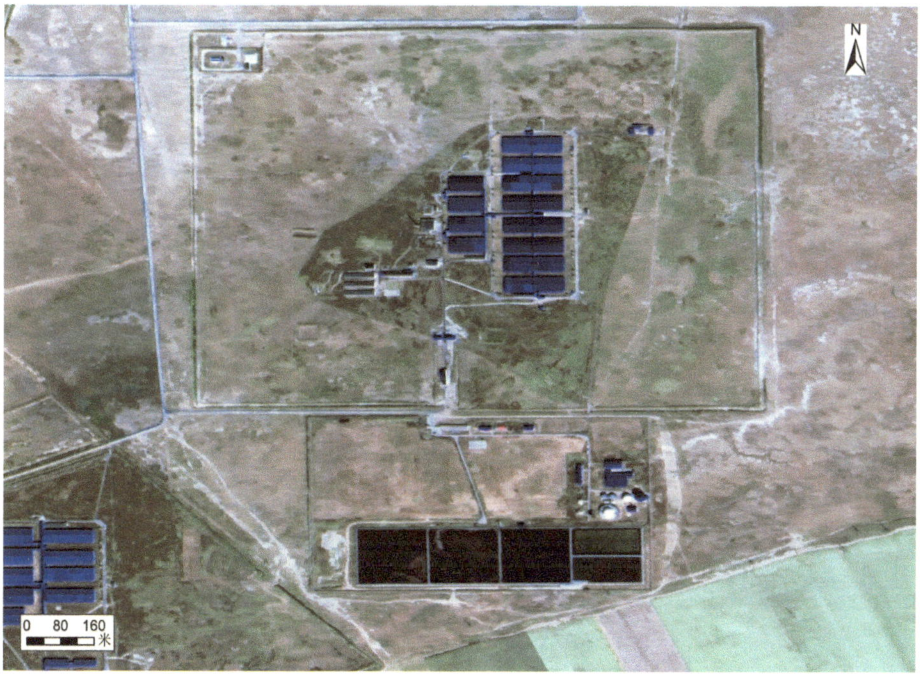

图2-21　中粮家佳康公司第一养殖场遥感图

图2-22　中粮家佳康公司第五养殖场遥感图

图2-23　中粮家佳康公司第十养殖场遥感图

三、特色种植业

1. 沙地水稻

翁牛特旗种植水稻的历史，可以追溯到明代。明代时，今西拉木伦河、老哈河沿岸到处都是广阔的湿地牧场，沼泽、水面随处可见。在朵颜卫统治时期，有人从燕山以南向翁牛特引种水稻。翁牛特旗的昼夜温差较大、光能资源丰富，形成了“白天高温烈日，光合产物多；夜间低温，呼吸消耗少”的特点，产出的稻谷干物质积累多，造就了当地稻米通体圆润、色泽晶莹、香糯软滑、营养全面的独特品质。2019年，“翁牛特大米”被纳入“全国名特优新农产品”名录。因为与红山文化有着不可分割的历史和文化渊源，因此得名“红山稻”。2021年，“翁牛特大米”通过国家名特优新农产品认证。2022年，翁牛特旗“红山稻”区域公用品牌成功发布。

图2-24　白音套海沙漠水稻种植区遥感图

图2-25　海拉苏镇沙漠水稻种植区遥感图

图2-26　乌敦套海沙漠水稻种植区遥感图

图2-27 新苏莫苏木沙漠水稻种植区遥感图

2. 设施农业

作为“一环三区七园”环城产业带的重要组成部分，翁牛特旗杨家营子现代农业示范园区既是京蒙扶贫协作产业园区，也是易地扶贫搬迁群众后续产业发展基地，同时还是翁牛特旗围绕自治区战略定位而重点打造的乡村振兴先导区和一二三产业融合示范区。引进优秀企业入驻园区，有效促进了当地主导产业提质增效。通过两地产业合作，使杨家营子现代农业示范园区建设走上了发展的快车道，为翁牛特旗乡村振兴提供了坚实的产业支撑。

图2-28 杨家营子设施农业基地遥感图

第三章　玉龙故里·心灵之旅

近年来，翁牛特旗的文化旅游融合发展步伐逐渐加快，其打造的“玉龙故里·心灵之旅”文化旅游品牌深入人心，中华龙文化产业园区、德日苏生态农林休闲观光园区完成深度规划设计。随着旅游品牌建设的实施，“中华龙源·一脉相传”“玉龙故里·心灵之旅”等一批文化旅游品牌日益打响。

图3-1　玉龙沙湖景区遥感图

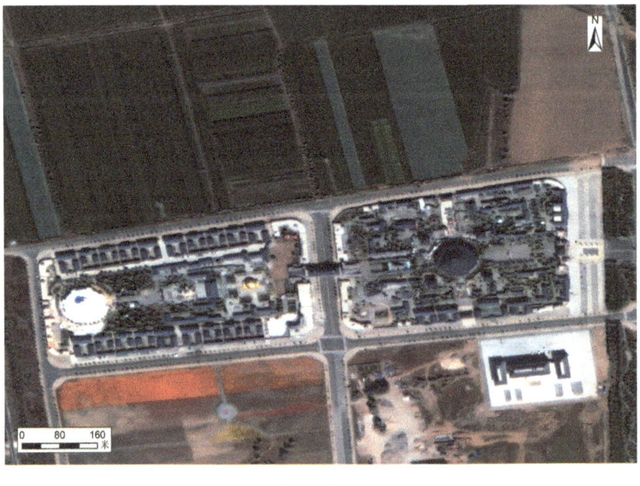

图3-2　欢乐城景区遥感图

图3-3　红山水库景区遥感图之一

图3-4　红山水库景区遥感图之二

图3-5　西拉木伦古柳田园3A景区高分遥感图

图3-6　布日敦生态湿地公园高分遥感图

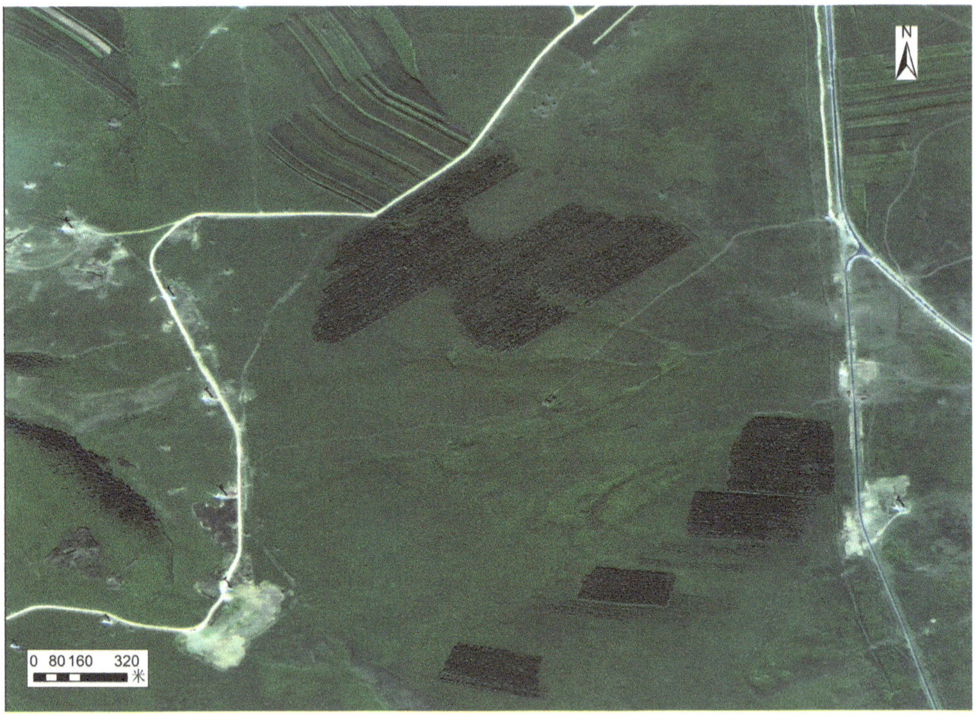

图3-7　灯笼河草原高分遥感图

图3-8　灯笼河风电场高分遥感图

第四章　筑牢生态安全屏障

近年来，翁牛特旗全面贯彻落实“绿水青山就是金山银山”的理念，坚持“东部治沙、西部治土、中部抓园区”的发展思路，坚持不懈地开展防沙治沙工程，以“两件大事”为主抓手推进科尔沁沙地治理。

一方面是着眼于把内蒙古建设成为我国北方重要生态安全屏障，立足翁牛特旗距离北京仅500千米的区位，打造好全国防沙治沙综合示范区，建设绿色赤峰。

另一方面是坚持旗委、旗政府“东部治沙”的战略部署，发动全旗各族人民参与到全域全时的生态建设中来，努力在翁牛特旗科尔沁沙地治理进程中，将东部治沙各项目区建设成为“各民族群众共有、各民族群众共建、各民族群众共享、各民族群众共进”的民族团结示范项目区。

翁牛特旗坚持将抓好科尔沁沙地治理项目作为实施民族团结进步创建示范引领工程的重要举措，着力探索“生态+”模式，推动由“沙害”到“沙宝”的生态友好、生产发展、生活富裕“三生效益统一”目标的实现。

一、少郎河

少郎河是翁牛特旗的母亲河，发源于赤峰市翁牛特旗西部三叉裆山东麓，由西向东横贯翁牛特旗中部地区，流经杨树沟门、亿合公乡、广德公镇、山嘴子和乌丹镇，于布力彦境内草原治沙站汇入西拉木伦河。

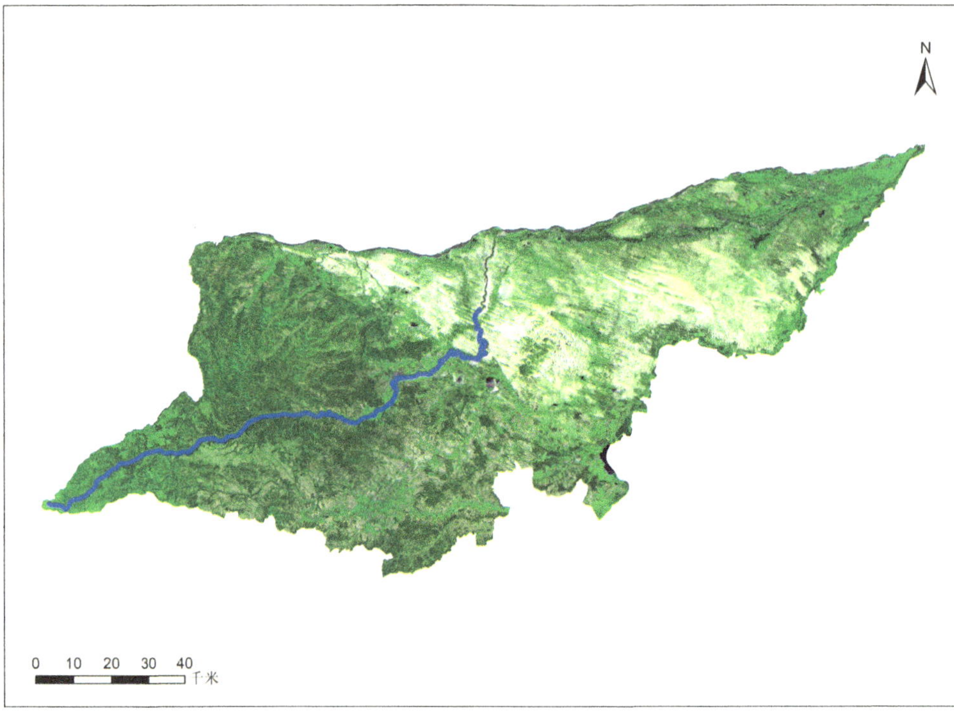

图4-1 2013年少郎河生态遥感图

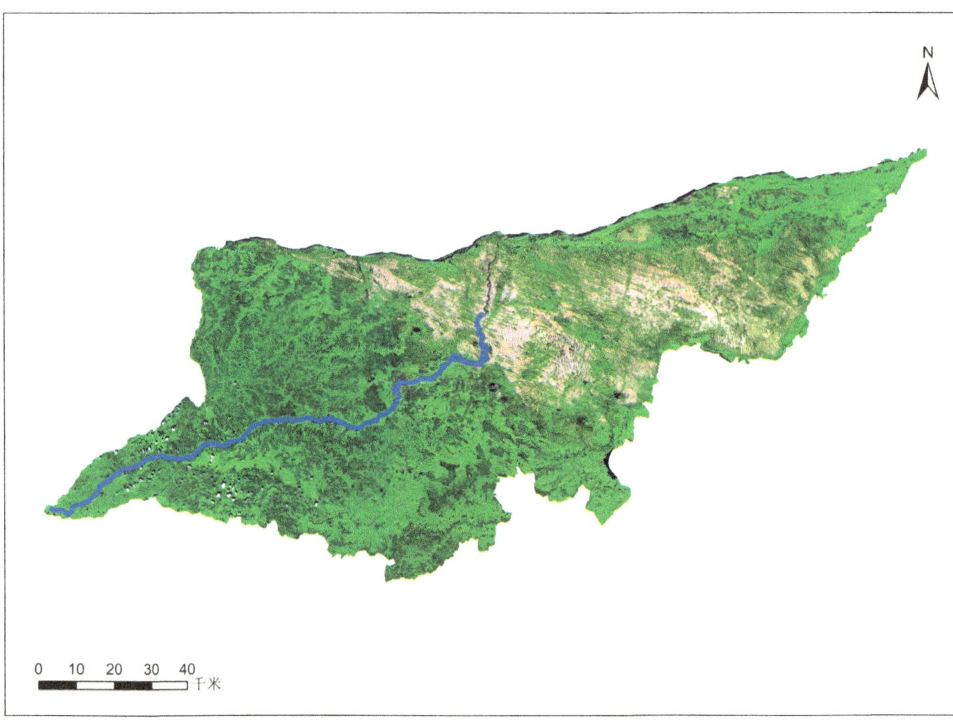

图4-2 2022年少郎河生态遥感图

二、布日敦湖

布日敦荒漠旅游景区坐落于翁牛特旗巴嘎塔拉朝格温都苏木地区，包含其甘、勃隆克山、布日敦三个旅游景区。是一个以荒漠风景为主，融绿洲、沙湖、天然奇石、冰臼等多种园林景观于一体，具备观光旅游、休闲娱乐运动等功能的综合性旅游景区。

图4-3　2015年布日敦湖卫星遥感图

图4-4　2021年布日敦湖卫星遥感图

图4-5　2022年布日敦湖卫星遥感图

三、敖包山公园

敖包山公园位于乌丹镇外环路西侧，与G16丹锡高速相邻。敖包山公园以“龙翔九龙”为主题设计，采取人文景观与自然景观相结合的方式建设。敖包山公园，即敖包山山顶平台暨西山山体绿化工程，总规划面积230万平方米。其中，敖包山山顶平台工程规划面积110万平方米，主要建设绿化29万平方米，植树14万株；西山山体绿化工程规划面积120万平方米，绿化面积65万平方米，栽植乔木9万余株，灌木24万株。

图4-6　2013年敖包山卫星遥感图

图4-7　2022年敖包山卫星遥感图

图4-8　2022年敖包山局部卫星遥感图

四、西山生态公园

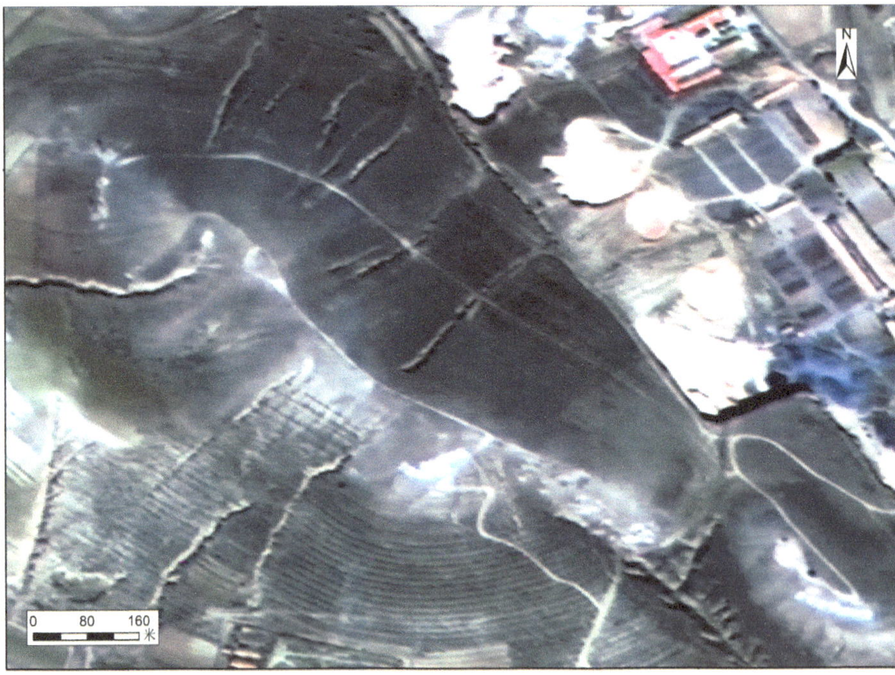

图4-9　2013年西山生态公园卫星遥感图

图4-10　2022年西山生态公园卫星遥感图

五、科尔沁沙地荒漠化

通过利用Landsat遥感数据和高分卫星数据，以翁牛特旗科尔沁沙地为研究区，依据DDI荒漠化差值指数，监测分析2013—2022年科尔沁沙地演变信息。利用Arcgis软件对遥感图进行处理，以自然断裂法能够使各级的内部方差之和最小，同时结合实地调查，最终确定了研究区的荒漠化指标，得到研究区2013—2022年土地荒漠化遥感图。

对科尔沁沙地进行面积提取，2013—2020年土地沙化面积明显增加，增加了0.014万平方千米；2020—2022年土地沙化面积显著减少，减少了0.242万平方千米，其中极重度荒漠化面积减少明显。

通过分析科尔沁沙地荒漠化DDI指数得出：2013—2020年科尔沁沙地沙化严重，并且在2020年土地沙化达到最值，但2020—2022年土地沙化面积逐渐缩小。

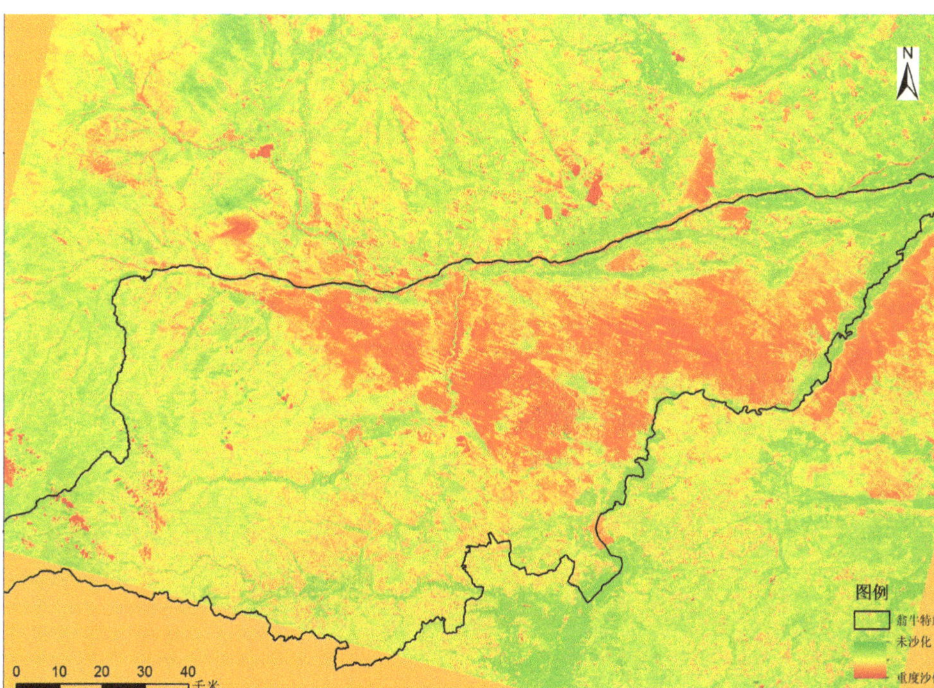

图4-11 2013年科尔沁沙地荒漠化监测图

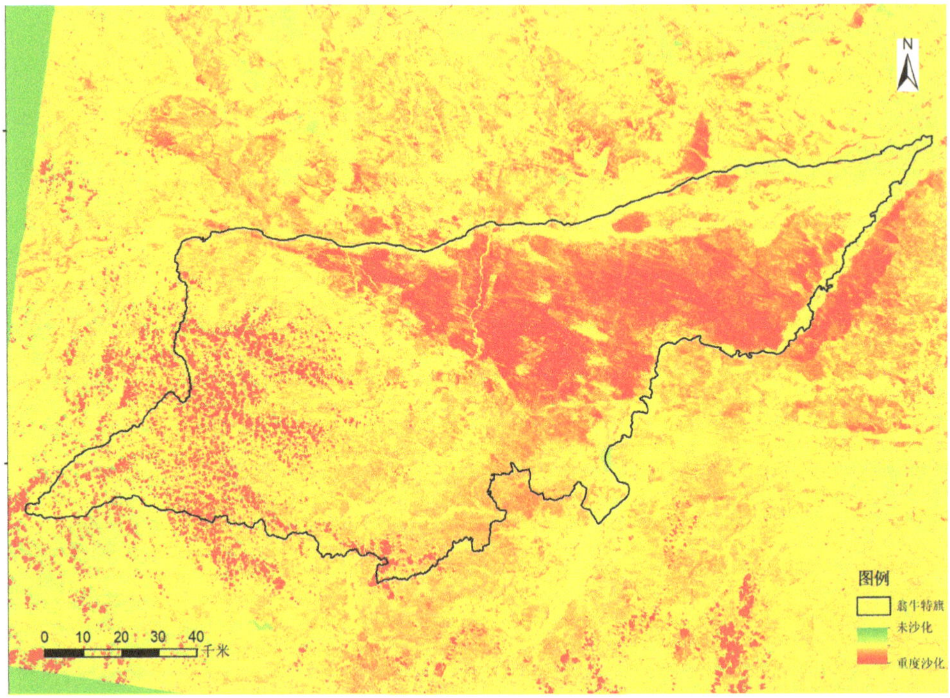

图4-12　2020年科尔沁沙地荒漠化监测图

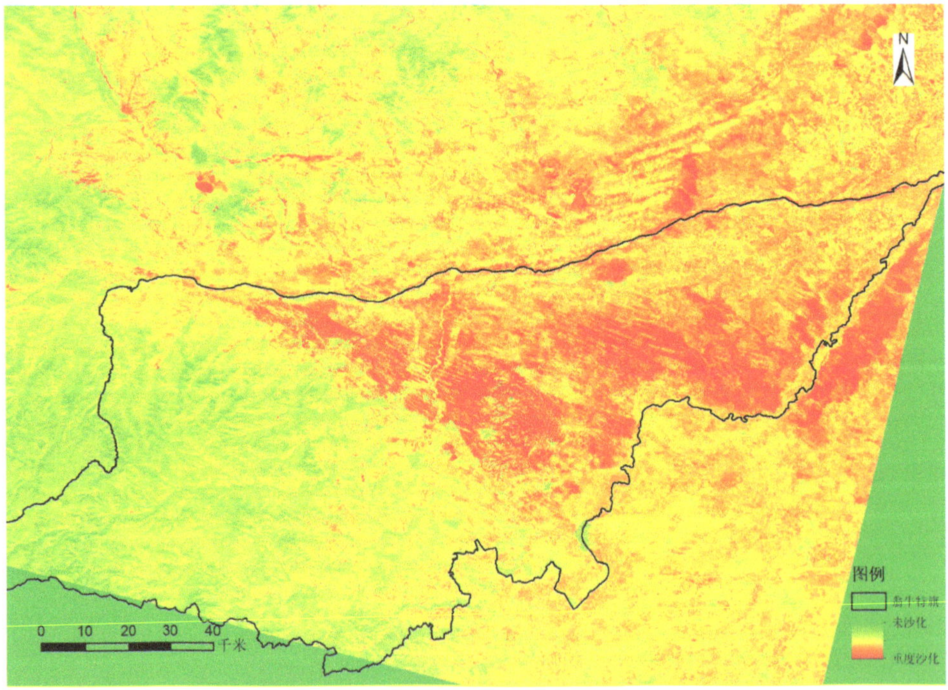

图4-13　2021年科尔沁沙地荒漠化监测图

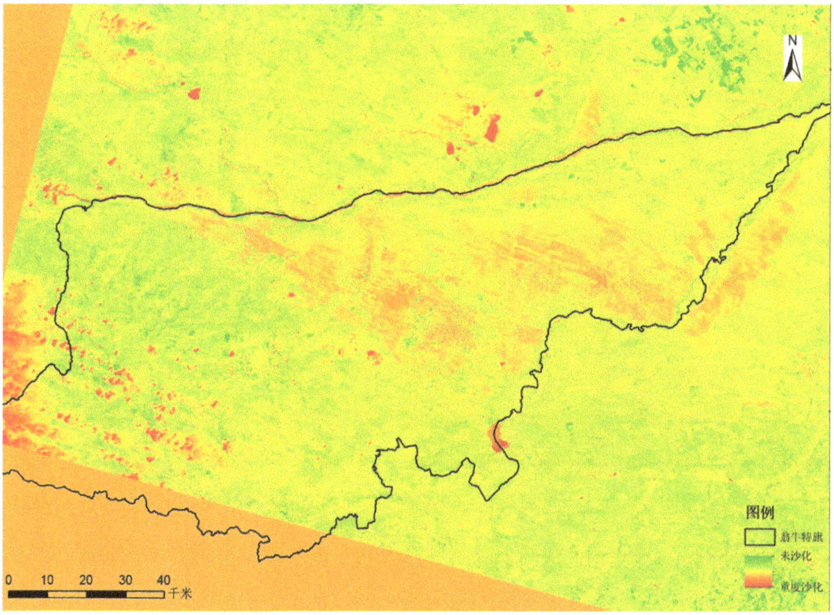

图4-14 2022年科尔沁沙地荒漠化监测图

六、翁牛特旗植被覆盖度

翁牛特旗2011—2020年的植被覆盖度平均水平为56.31%。近十年内，2013年翁牛特旗的平均植被覆盖度最低为53.02%，2021年翁牛特旗的平均植被覆盖度最高为64.03%，都高于上一个十年的植被覆盖度均值水平。翁牛特旗植被覆盖度最高为89.96%，年份为2018年。

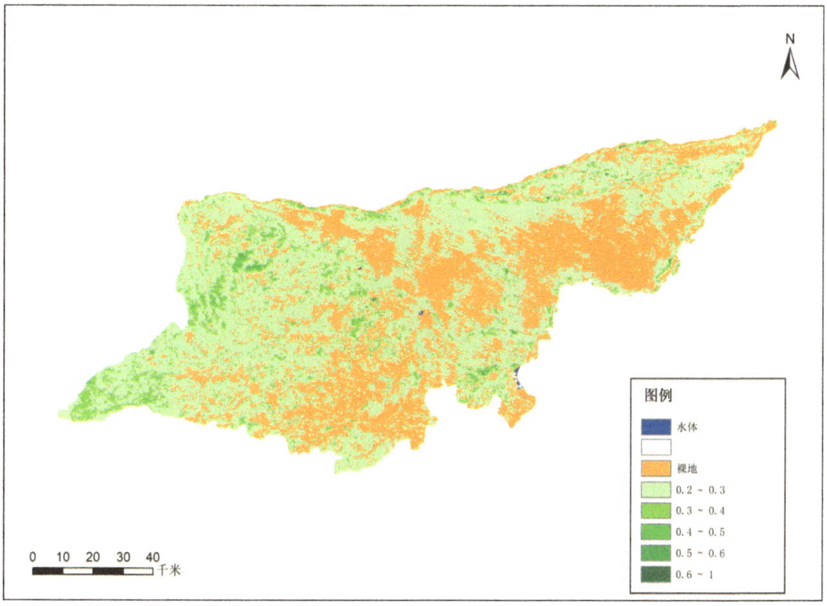

图4-15 2012年翁牛特旗基础生态植被遥感图

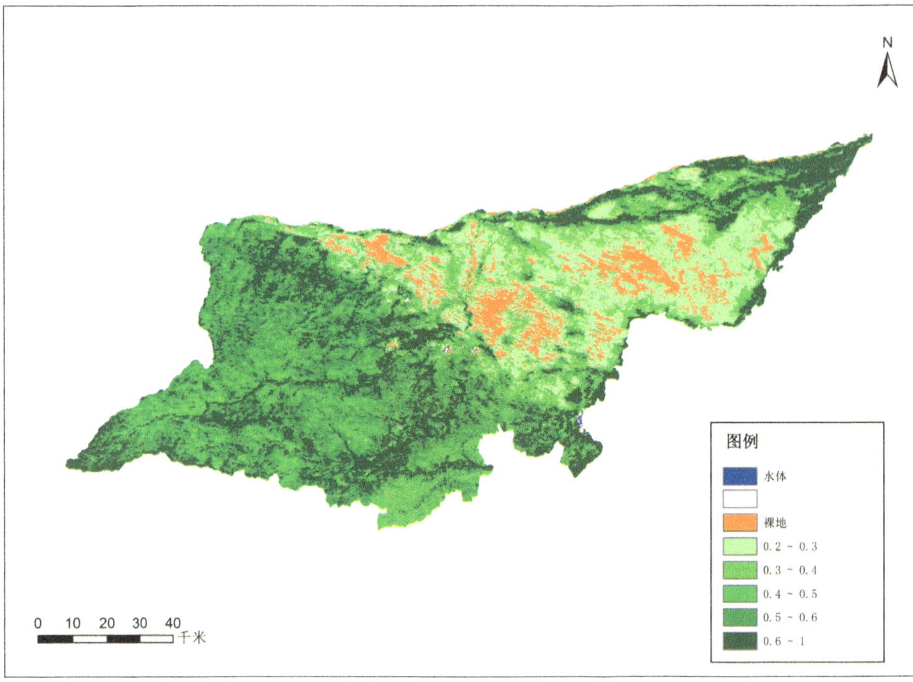

图4-16　2012年翁牛特旗生态植被峰值遥感图

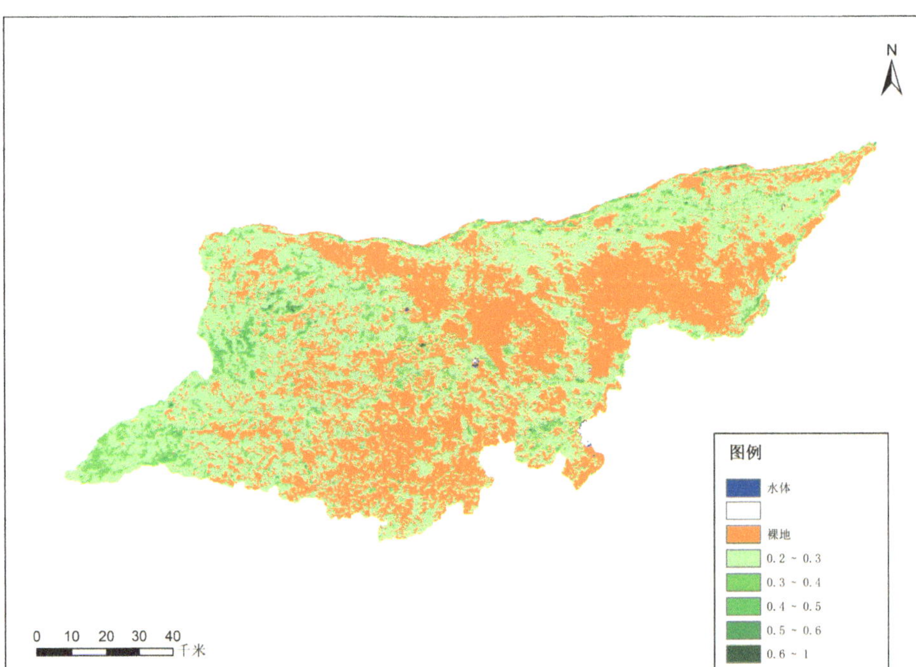

图4-17　2013年翁牛特旗基础生态植被遥感图

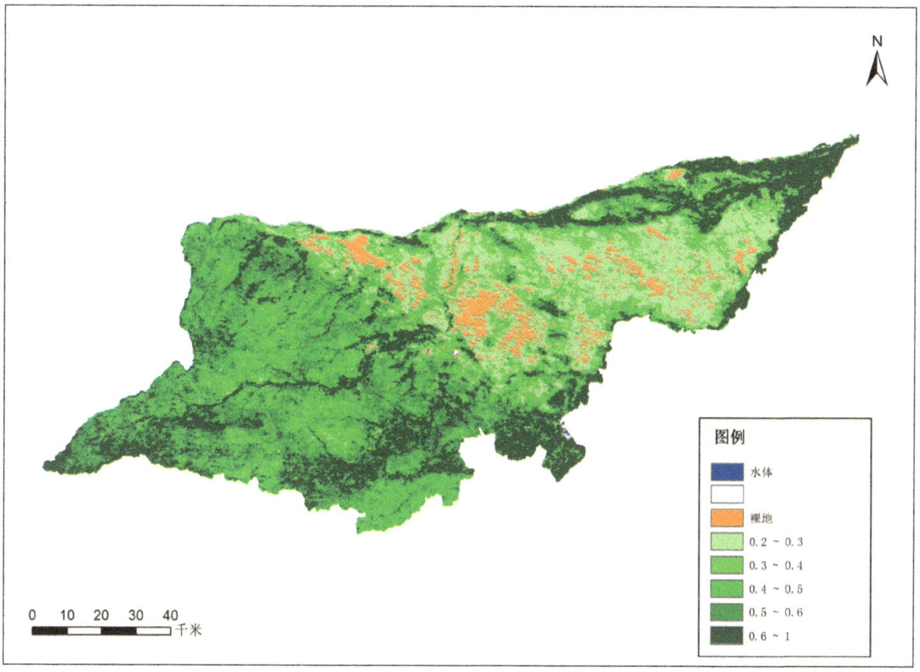

图4-18　2013年翁牛特旗生态植被峰值遥感图

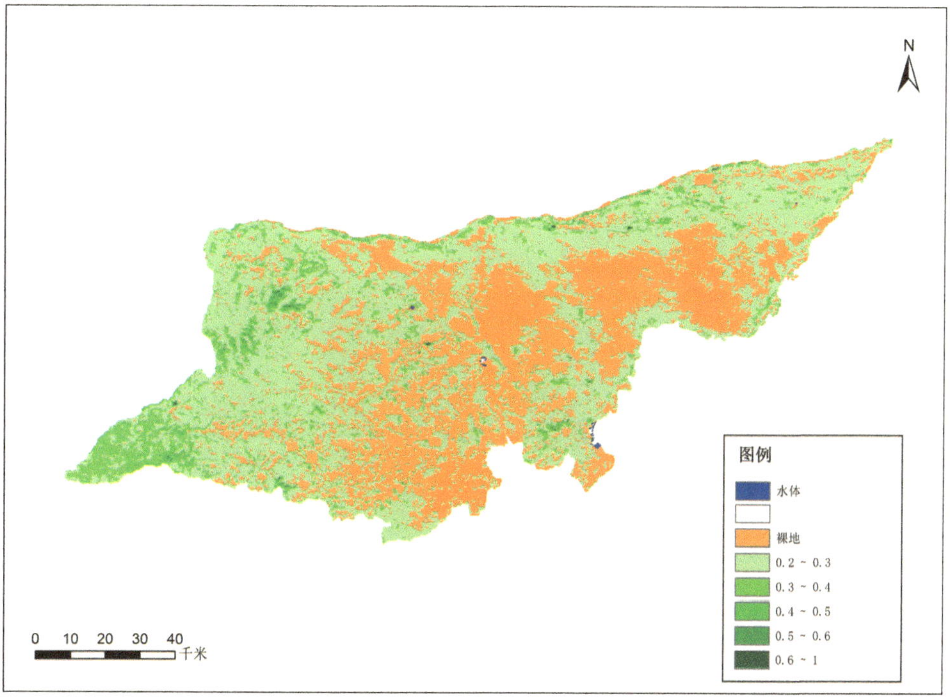

图4-19　2014年翁牛特旗基础生态植被遥感图

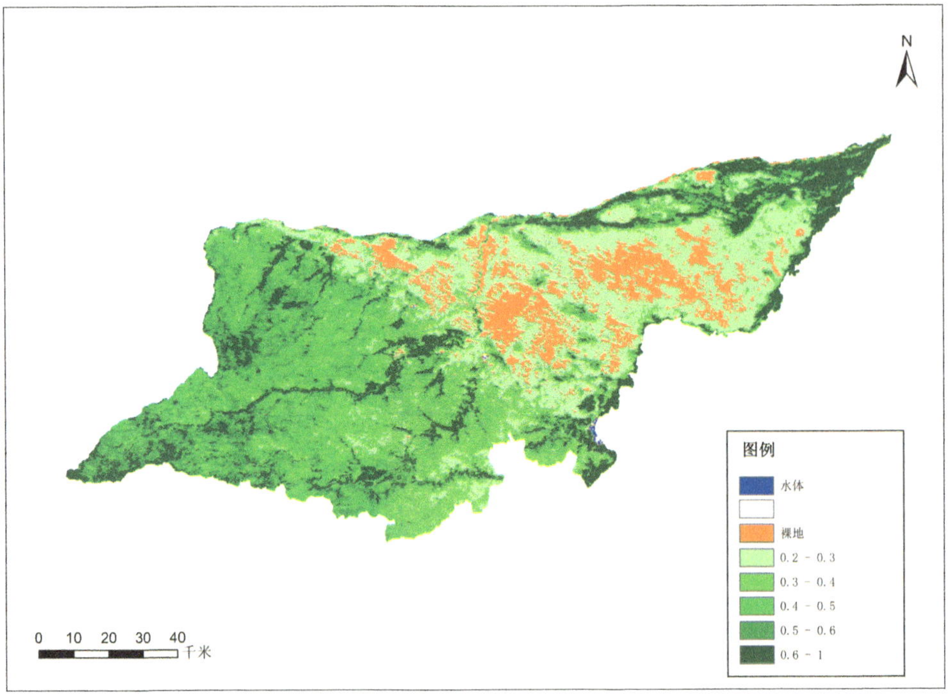

图4-20　2014年翁牛特旗生态植被峰值遥感图

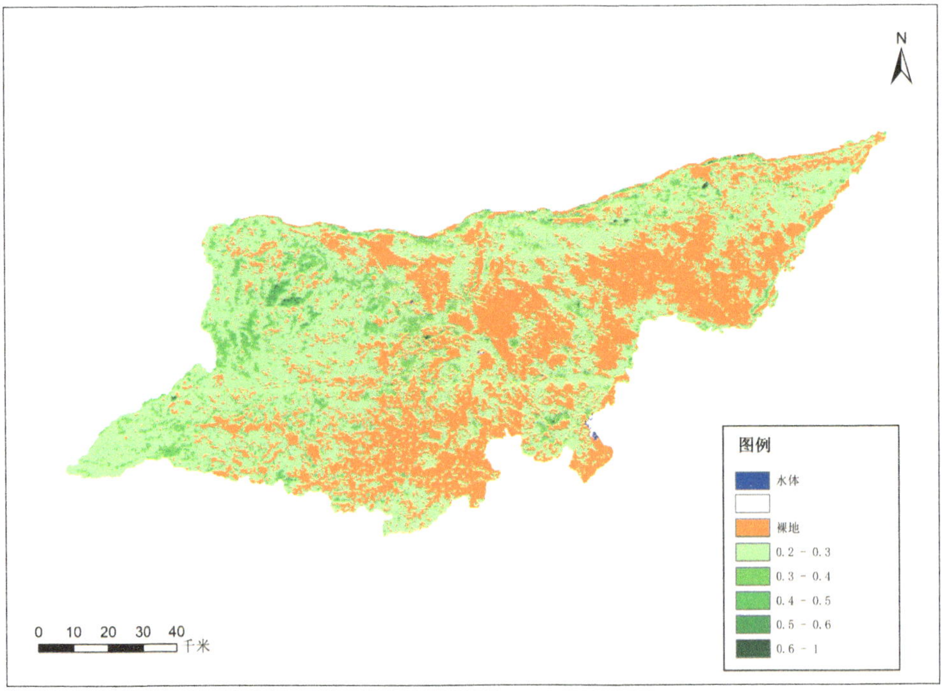

图4-21　2015年翁牛特旗基础生态植被遥感图

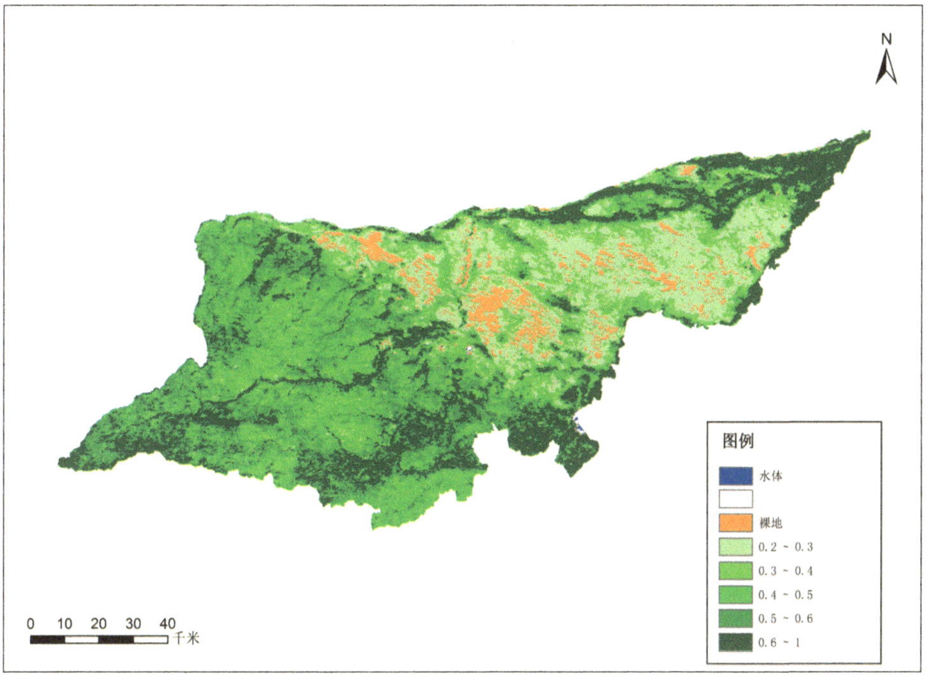

图4-22　2015年翁牛特旗生态植被峰值遥感图

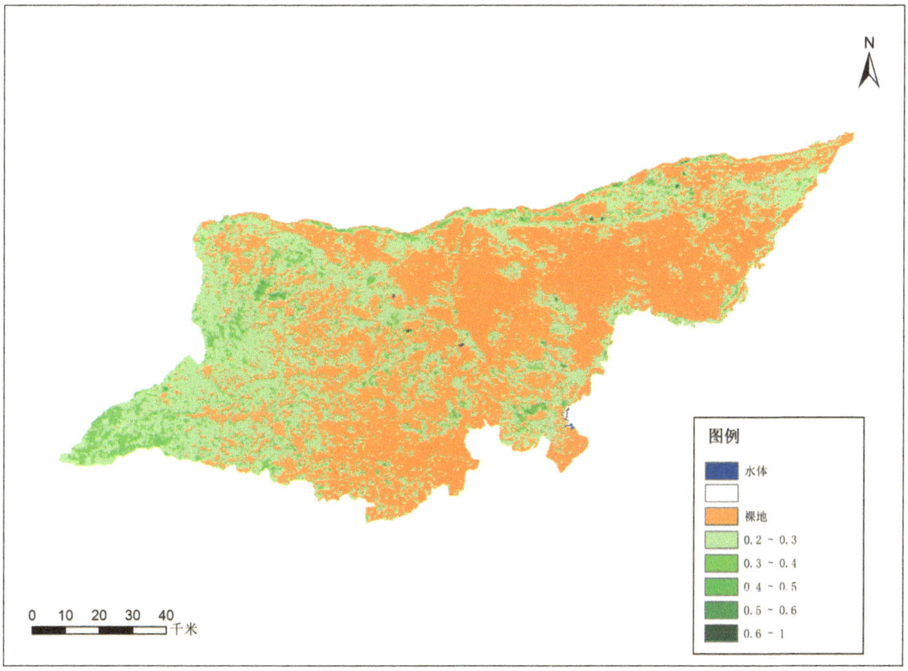

图4-23　2016年翁牛特旗基础生态植被遥感图

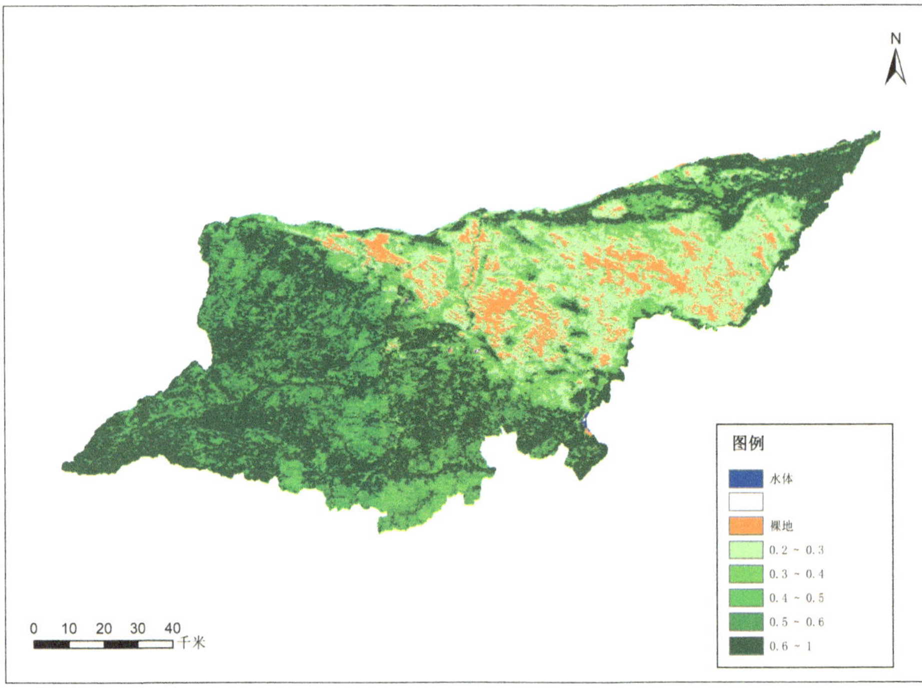

图4-24　2016年翁牛特旗生态植被峰值遥感图

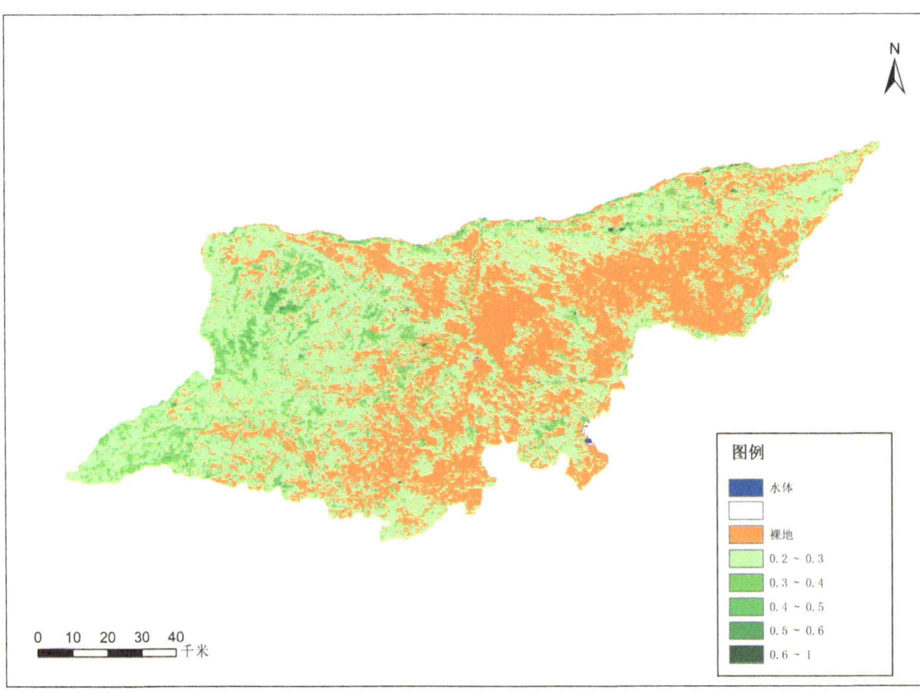

图4-25　2017年翁牛特旗基础生态植被遥感图

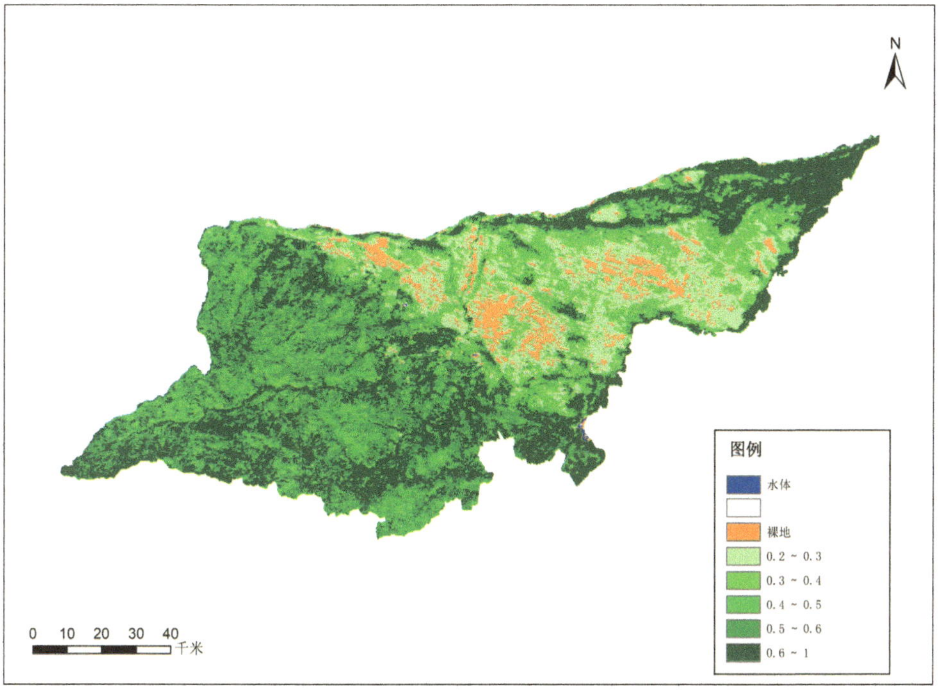

图4-26　2017年翁牛特旗生态植被峰值遥感图

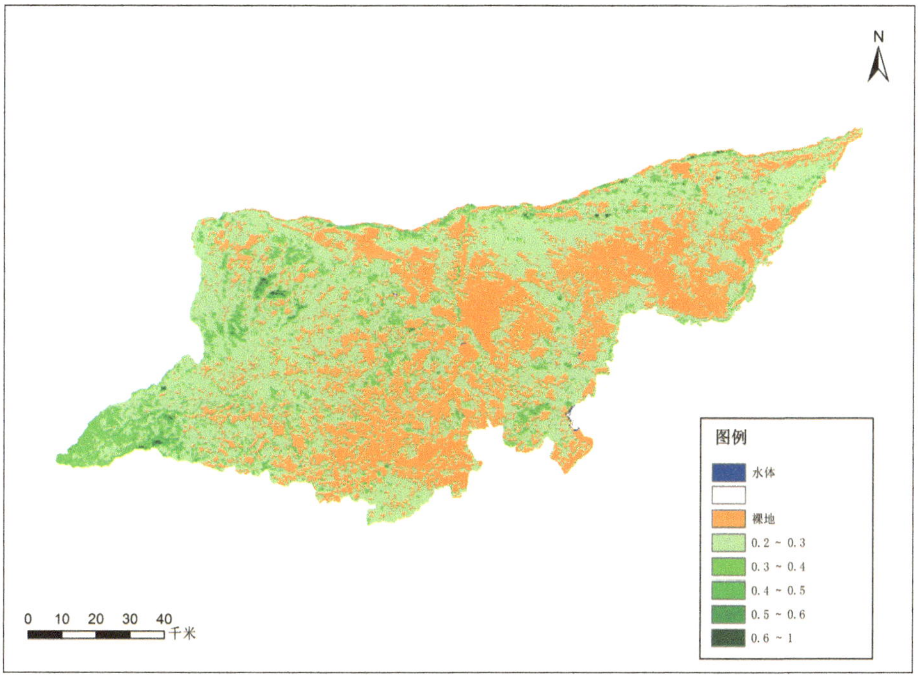

图4-27　2018年翁牛特旗基础生态植被遥感图

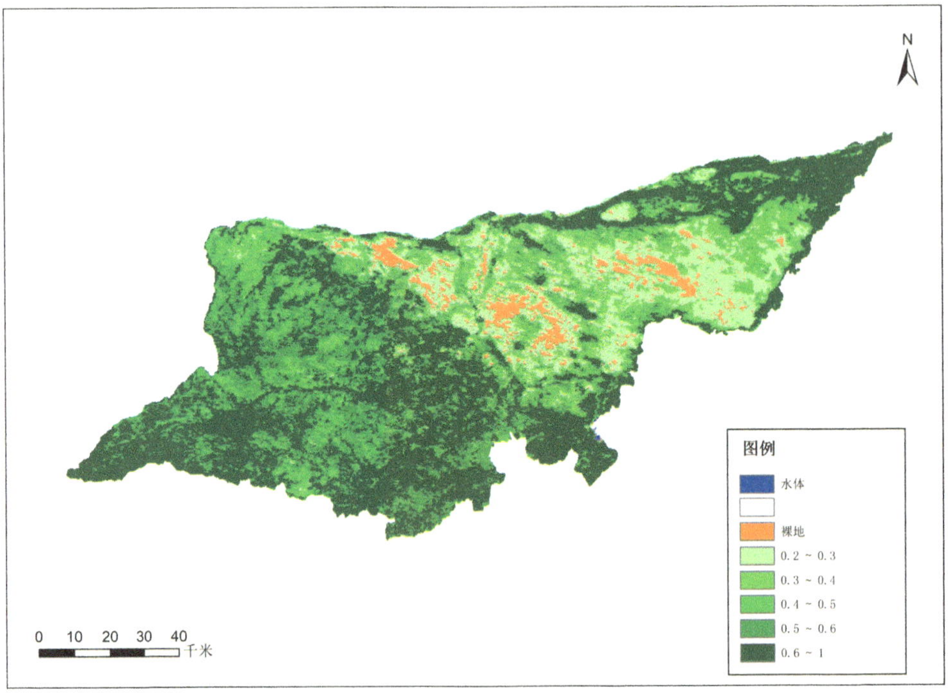

图4-28　2018年翁牛特旗生态植被峰值遥感图

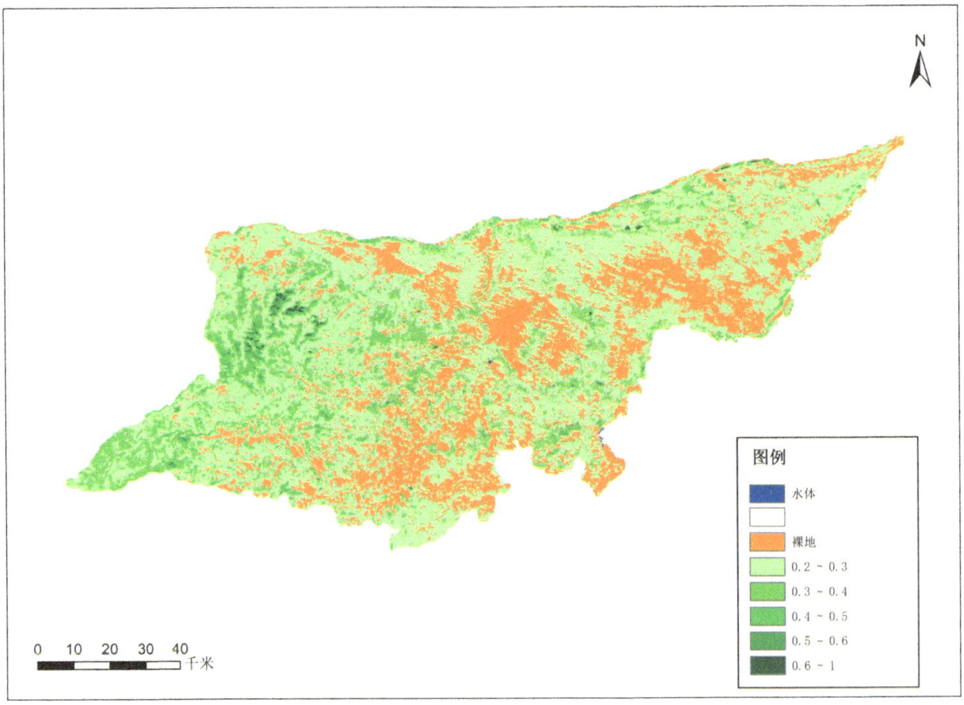

图4-29　2019年翁牛特旗基础生态植被遥感图

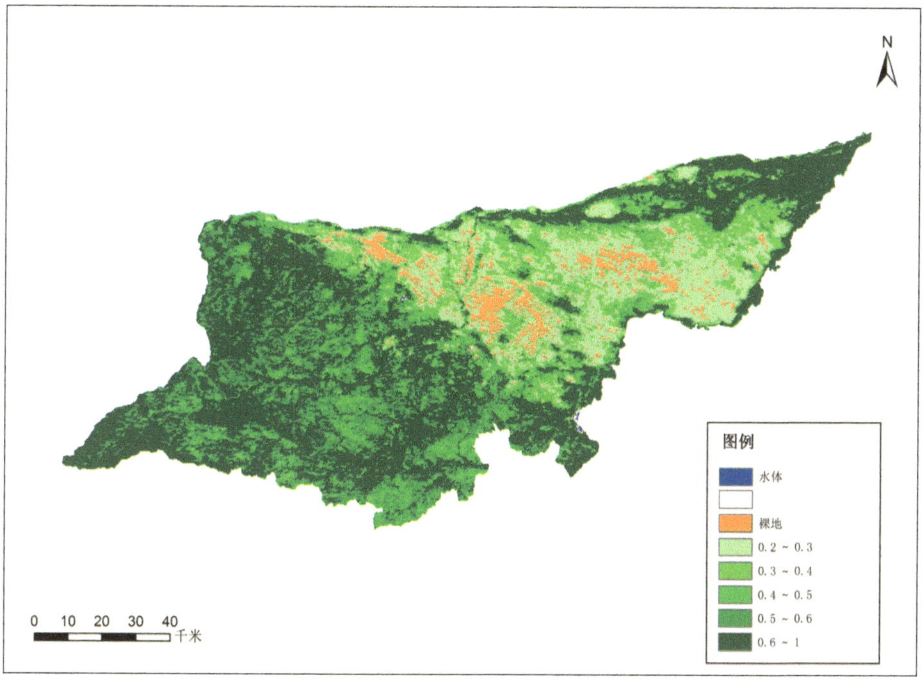

图4-30　2019年翁牛特旗生态植被峰值遥感图

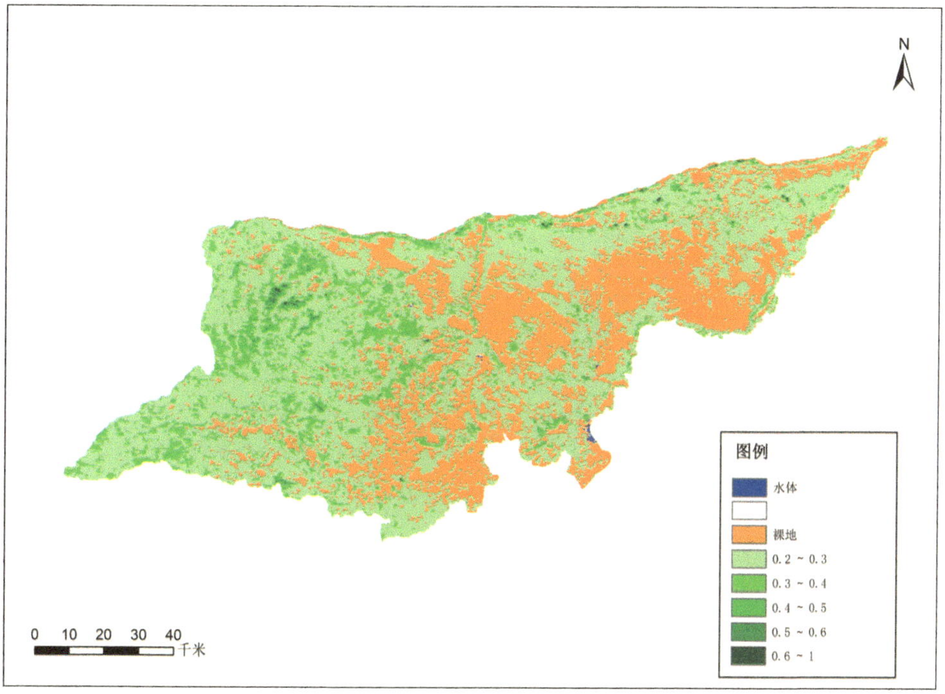

图4-31　2020年翁牛特旗基础生态植被遥感图

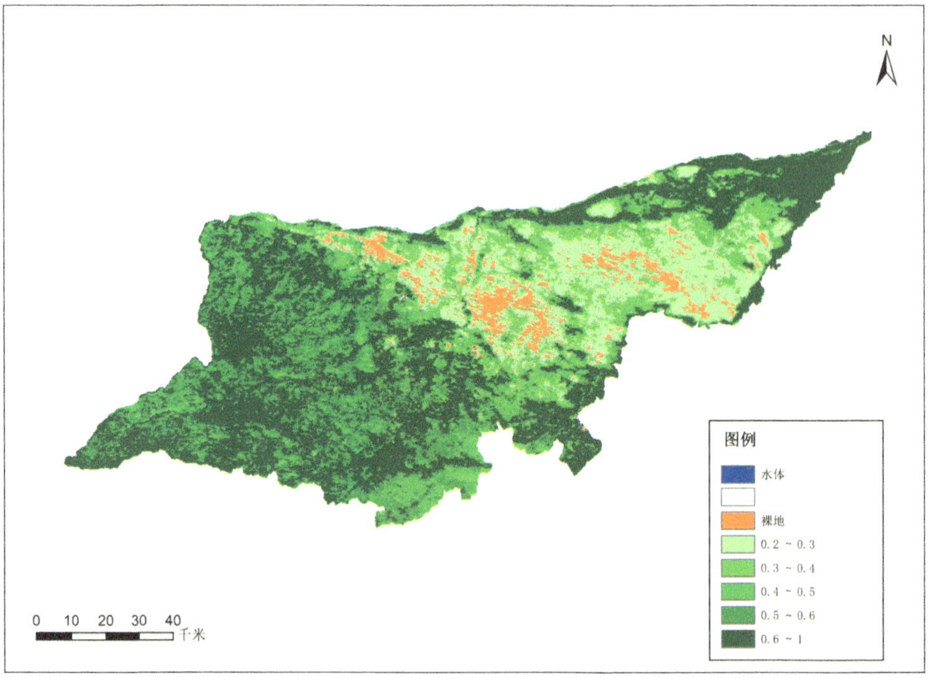

图4-32　2020年翁牛特旗生态植被峰值遥感图

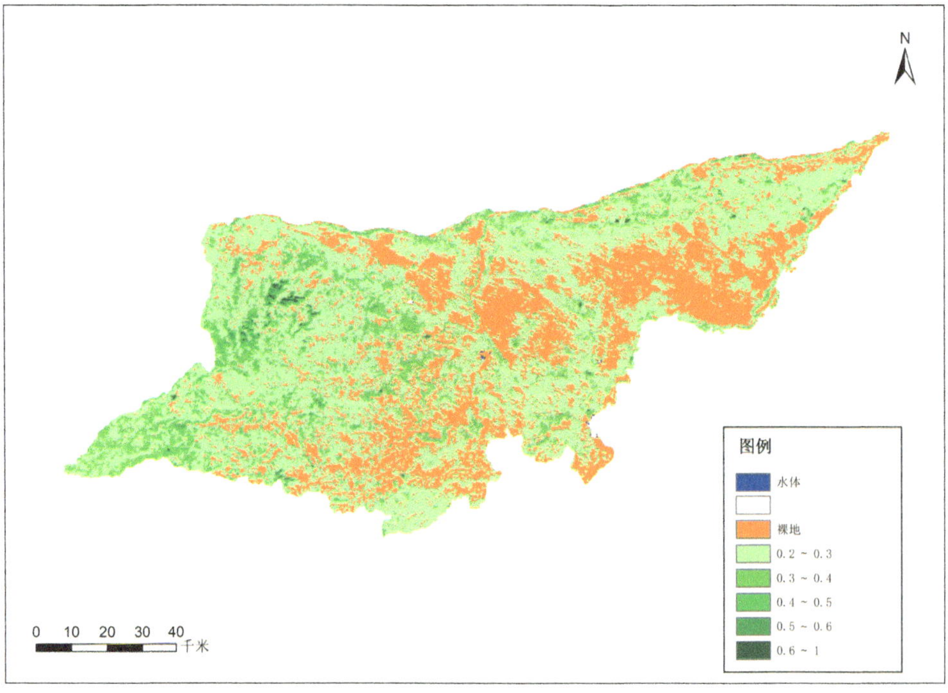

图4-33　2021年翁牛特旗基础生态植被遥感图

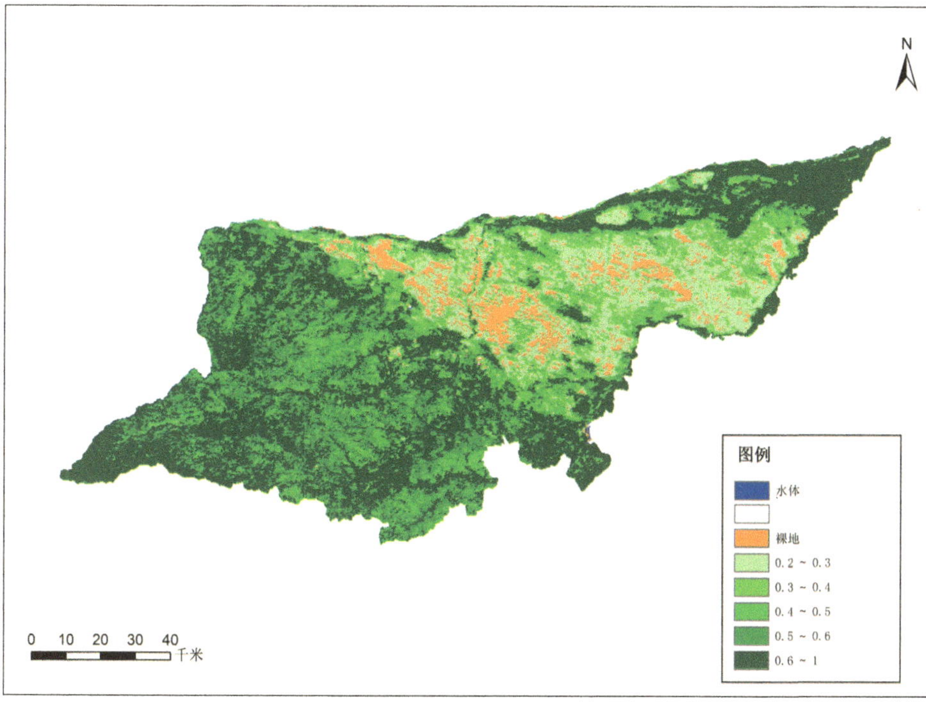

图4-34　2021年翁牛特旗生态植被峰值遥感图

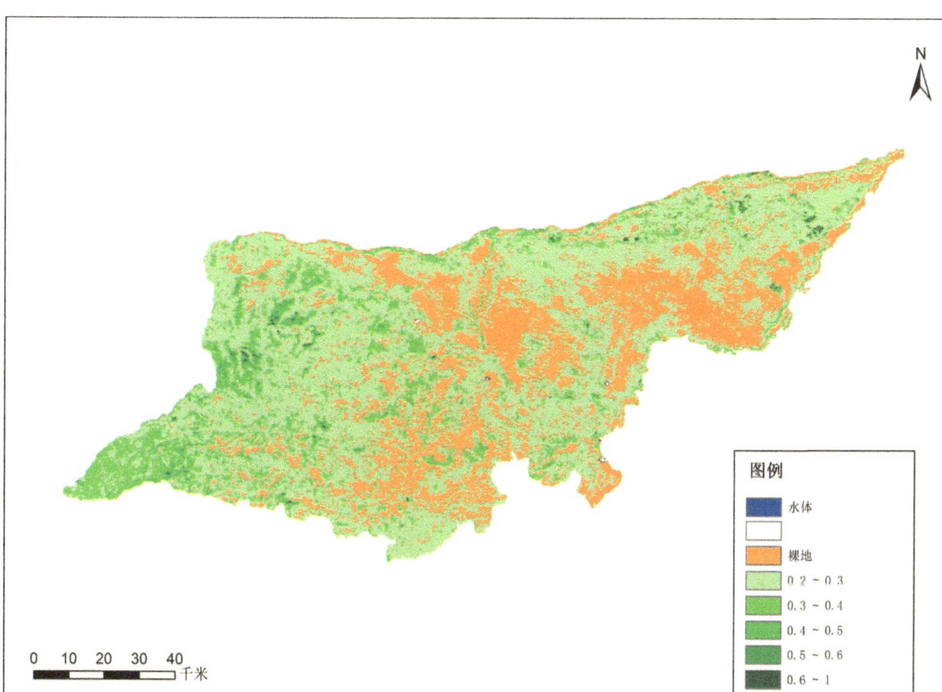

图4-35　2022年翁牛特旗基础生态植被遥感图

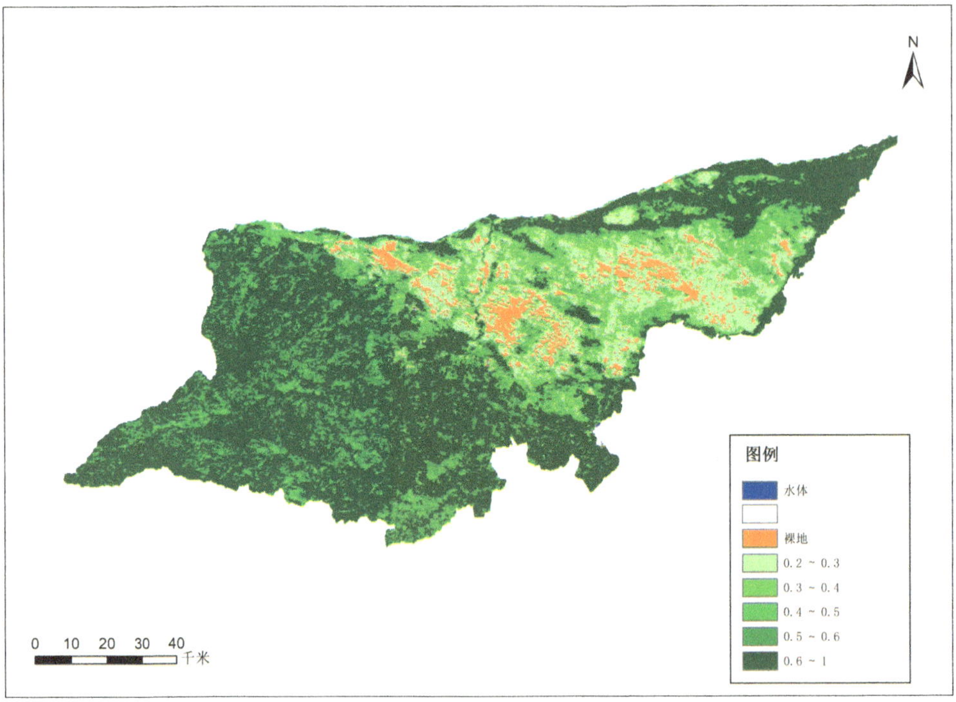

图4-36　2022年翁牛特旗生态植被峰值遥感图

第五章　优良空气质量

气溶胶光学厚度（aerosol optical depth，AOD）是大气介质的消光系数在垂直方向上的积分，是表征气溶胶含量、大气浑浊度和大气污染状况的关键因子。通过MODIS的 MAIAC AOD反演产品，绘制翁牛特旗2010—2022年逐年平均AOD。

翁牛特旗空气质量较好，西部、中部的空气质量明显好于东部地区，这与东部地区主要为科尔沁沙地有关。2013年、2020年及2021年因人为生产活动减少，全旗空气质量普遍转好。

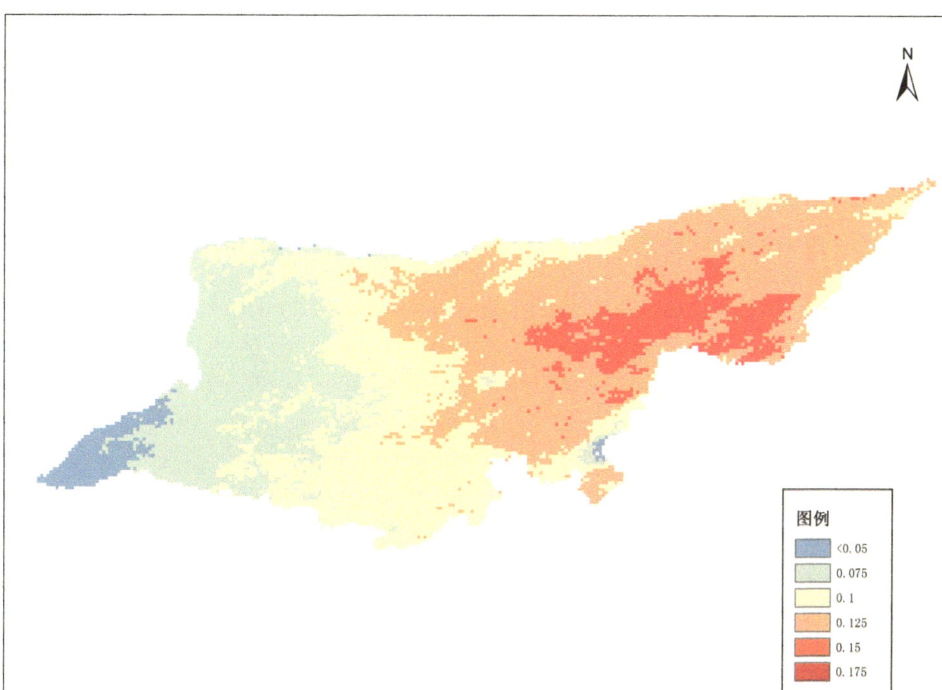

图5-1　2010年翁牛特旗空气质量AOD遥感图

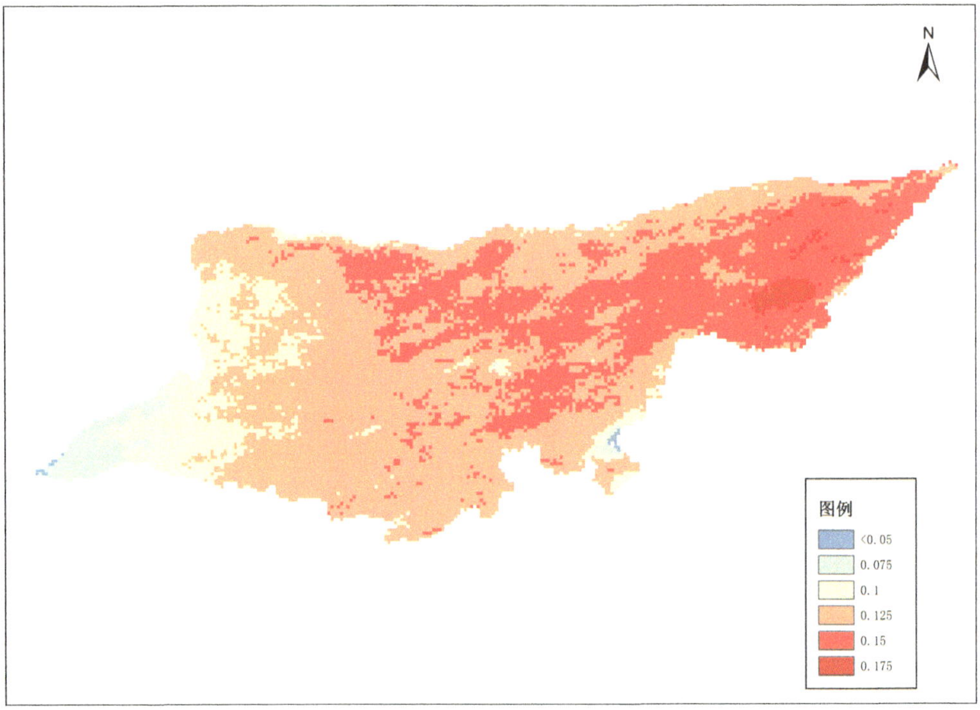

图5-2 2011年翁牛特旗空气质量AOD遥感图

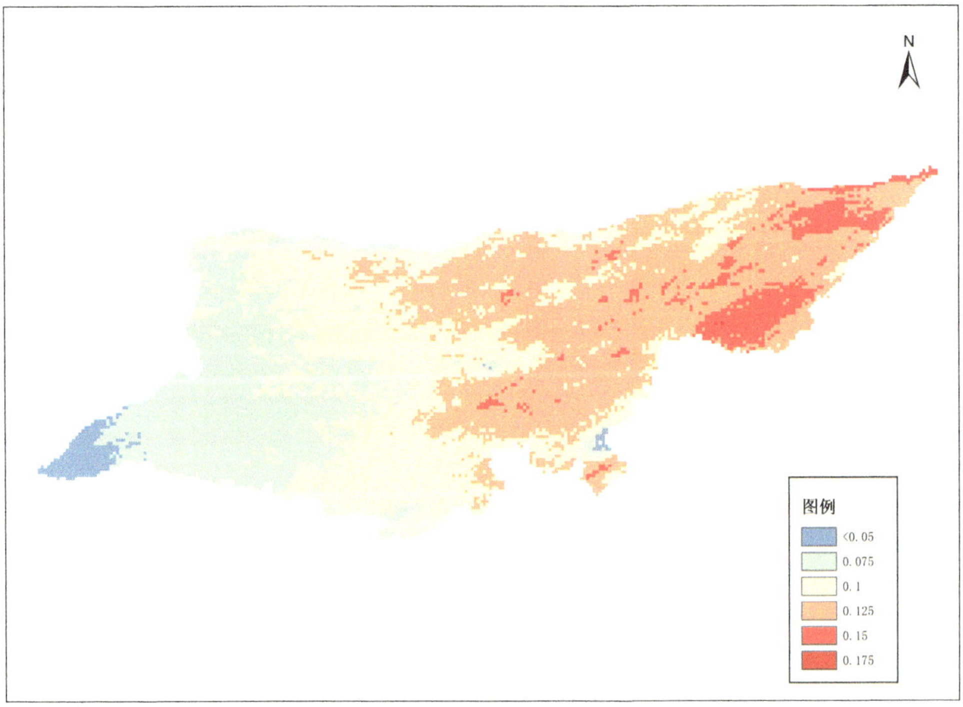

图5-3 2012年翁牛特旗空气质量AOD遥感图

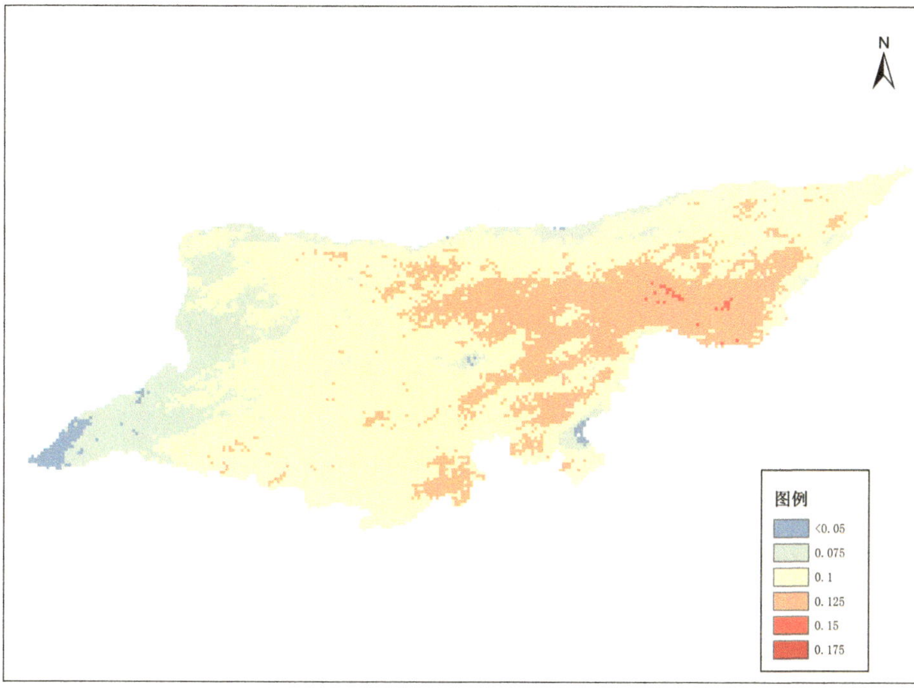

图5-4　2013年翁牛特旗空气质量AOD遥感图

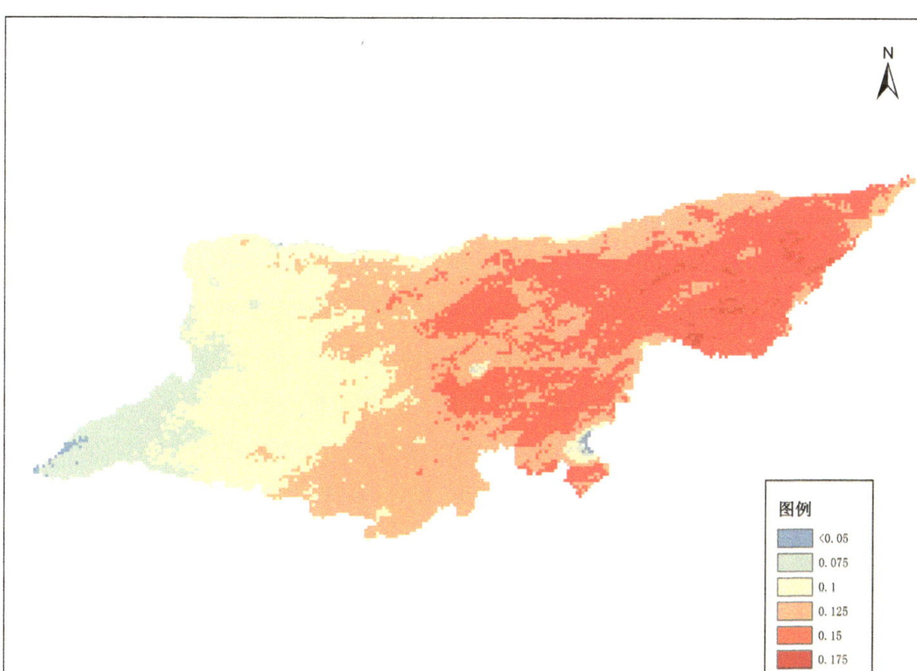

图5-5　2014年翁牛特旗空气质量AOD遥感图

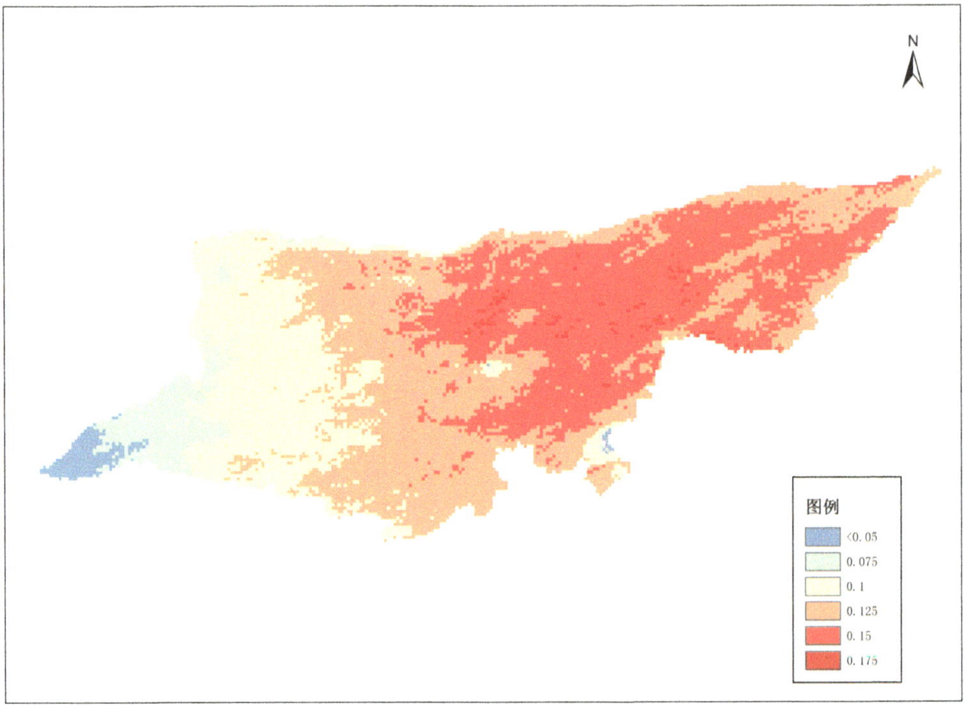

图5-6　2015年翁牛特旗空气质量AOD遥感图

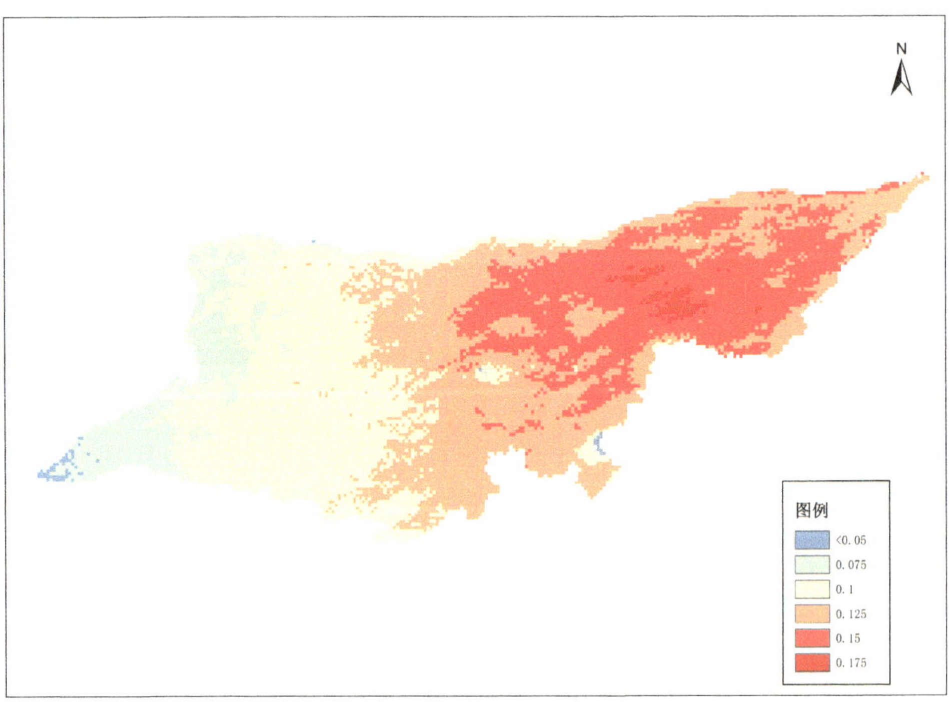

图5-7　2016年翁牛特旗空气质量AOD遥感图

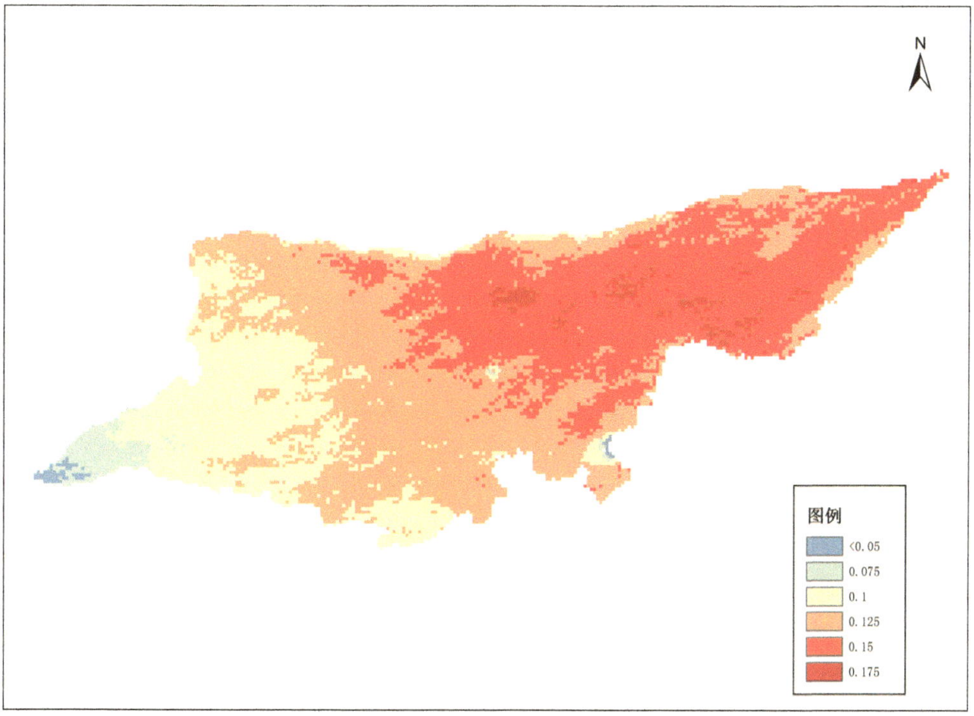

图5-8　2017年翁牛特旗空气质量AOD遥感图

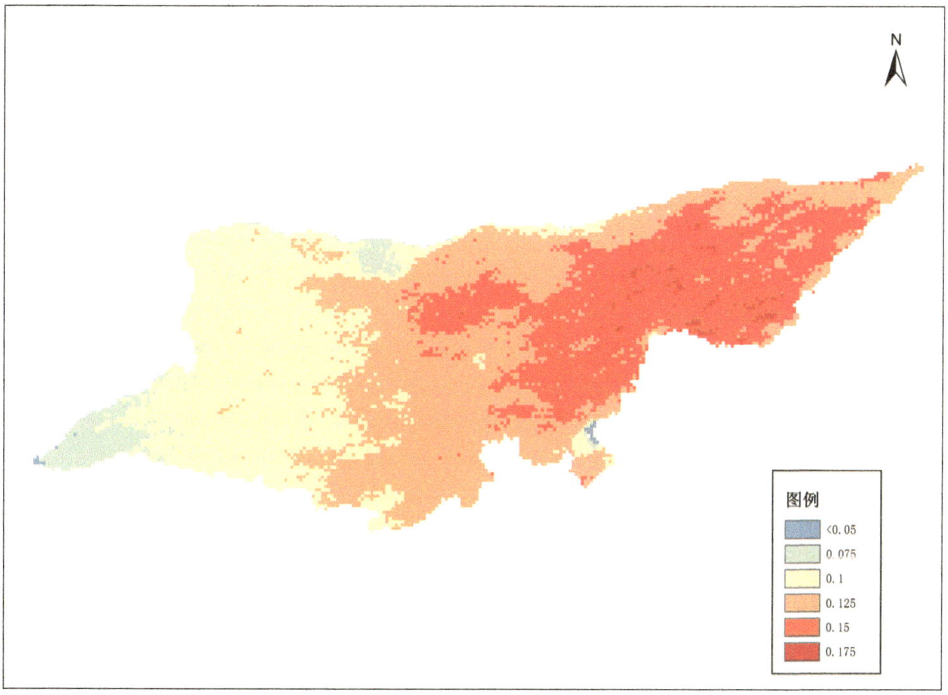

图5-9　2018年翁牛特旗空气质量AOD遥感图

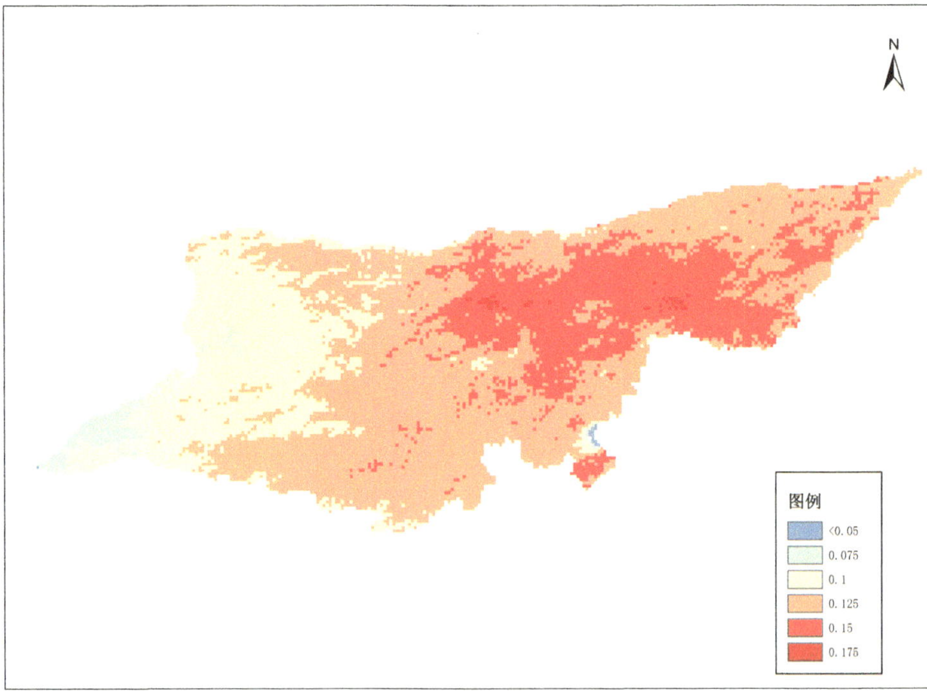

图5-10　2019年翁牛特旗空气质量AOD遥感图

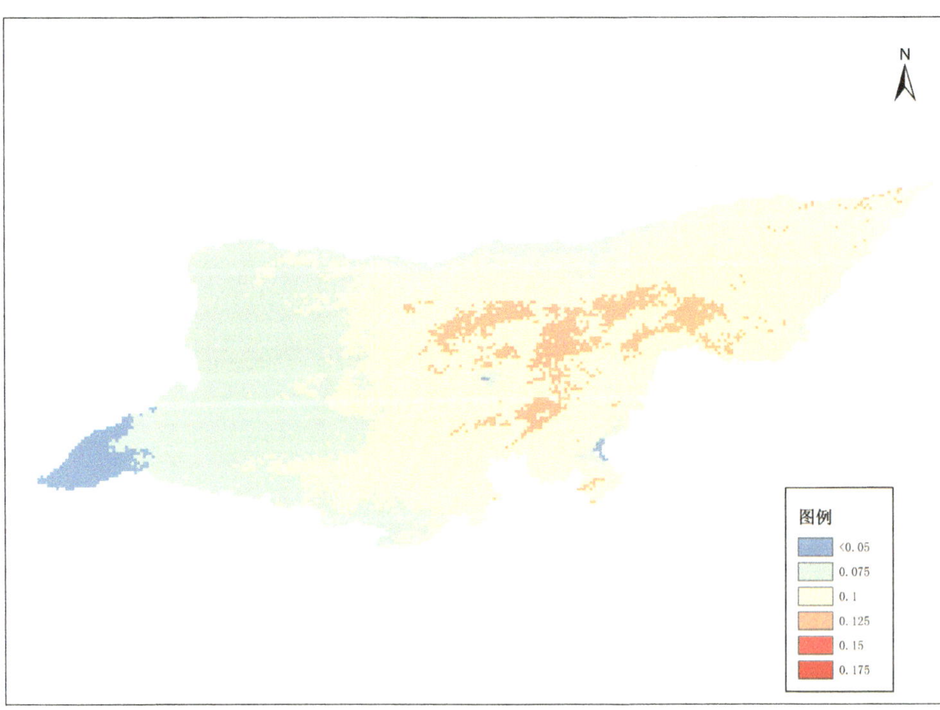

图5-11　2020年翁牛特旗空气质量AOD遥感图

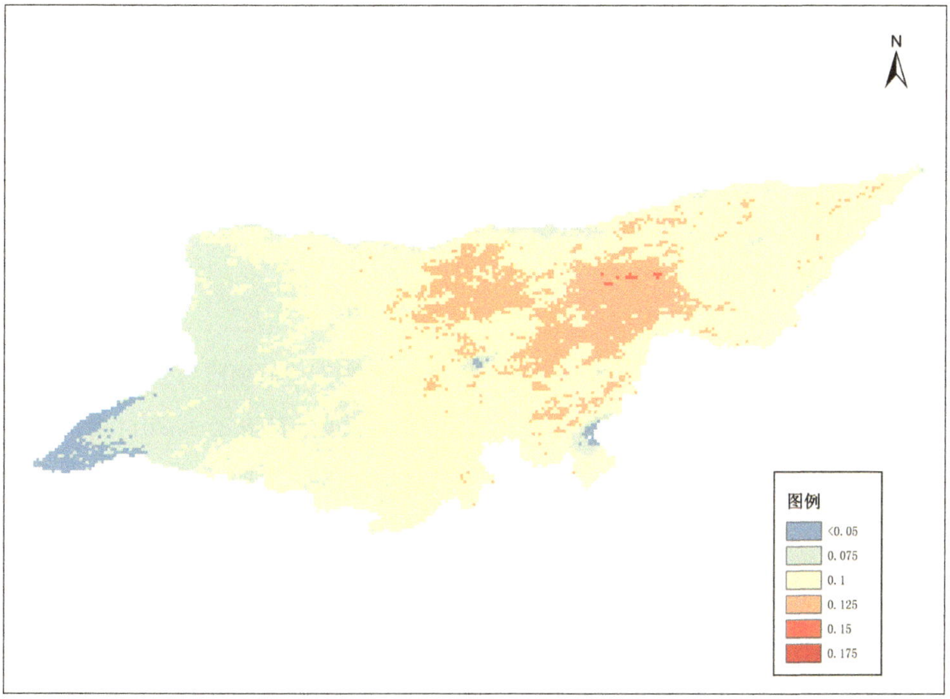

图5-12　2021年翁牛特旗空气质量AOD遥感图

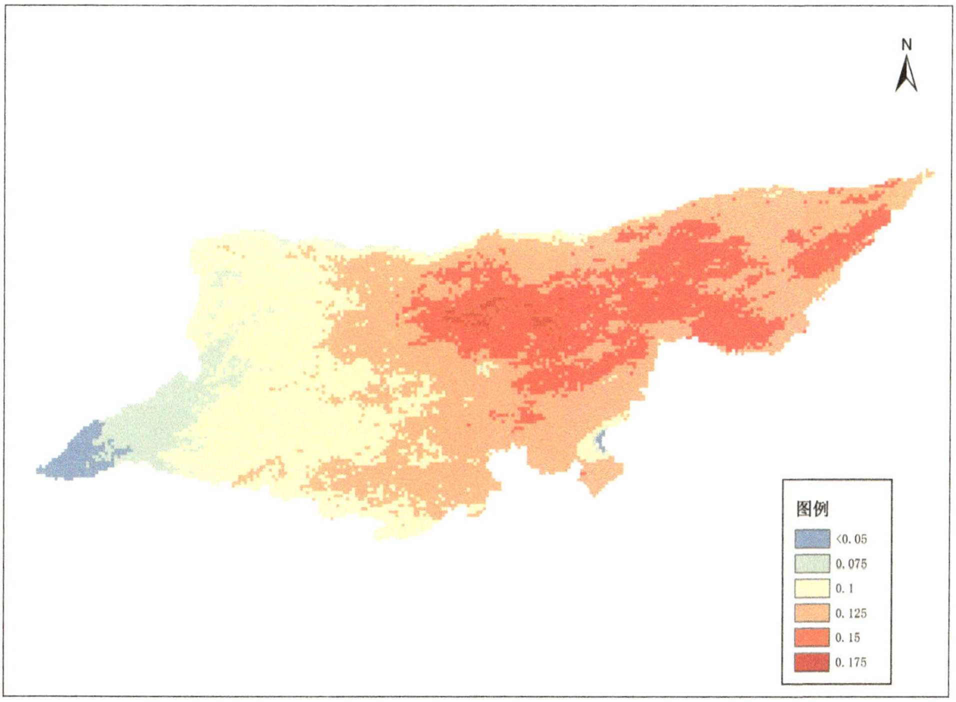

图5-13　2022年翁牛特旗空气质量AOD遥感图

第六章　生态宜居的美丽乡村

翁牛特旗位于内蒙古自治区赤峰市中部腹地，地处大兴安岭西南段与七老图北端山脉截接地带，西辽河上游、科尔沁沙地西缘，是红山文化、辽文化的发祥地之一。20世纪70年代，在距乌丹以北9千米的赛沁塔拉出土了一件新石器时代红山文化的遗物——大型碧玉龙，经中国考古学会理事长苏秉琦先生鉴定为“中华第一龙”，把中华文明史向前追溯了1500多年，翁牛特旗被称为“玉龙”之乡。2002年，在距乌丹东南60千米的龙头山出土了一件陶凤杯，经考古专家郭大顺先生鉴定为“中华第一凤”。从此，翁牛特旗被世人称为“龙凤之乡”。全旗现有上窑古人类穴居遗址、辽代永州城遗址、元代蓟国公张英瑞墓地、蒙东地区最大的藏传佛教寺院梵宗寺等各类各时期文物遗址413处。

翁牛特这一名词，起称于清代，汉译“诸王之地”。元代在这里建有全宁路鲁王城。后人称鲁王城为北方“紫禁城”，简称为紫城。翁牛特旗政府所在地——乌丹，其名为紫城之意，乌为黑，丹为红，合起来是紫的意思，称为乌丹城（蒙古语译为宝日浩特）。境内集草原、沙漠、湖泊、奇山、怪石、松林、响沙于一体，素有“瀚海明珠”“塞外水乡”之称，是距北京、天津、沈阳、大连等地区最近的草原、沙湖、响沙观光旅游区。先后荣获国家卫生县城、自治区园林城市、自治区生态宜居县城示范旗县、自治区文明旗县城、自治区首届法治政府建设示范旗县、自治区民族团结进步示范旗等称号。

一、特色小镇

1. 沙地小镇

沙地小镇生态庄园位于内蒙古自治区赤峰市翁牛特旗乌丹镇阿日善嘎查，以沙漠古柳景区闻名。传说沙漠古柳千年不死、死而千年不倒、倒而千年不朽。生长在大漠中的沙漠古柳，在严酷的环境中有着惊人的生命力。它与荒漠、蓝天共存，给人以强烈的震撼。而西拉木伦沙漠古柳则是另一番景象，葱绿富有生机。10月初秋风过后，大片古柳由翠绿转成金黄，与湛蓝的天空共同绘就了一幅亮丽、神奇的秋色油画，分外夺目灿烂。

图6-1　沙地小镇卫星遥感图

2. 康养小镇

赛沁塔拉康养小镇坐落于赤峰市翁牛特旗乌丹镇，这里是“中华第一龙”——碧玉龙的出土地。嘎查打造以“玉龙故里·心灵之旅”为特色的文明村寨，订立村规民约，开办了党建讲堂、道德讲堂、法制讲堂、孝心讲堂。近年来，先后获得“全国文明村”“国家级美丽宜居村庄”“全国乡村治理示范村”，自治区级“卫生村”“文明村”“基层服务型党组织建设示范点”等荣誉称号。

图6-2　赛沁塔拉康养小镇卫星遥感图

二、脱贫攻坚前后村容村貌对比

1. 德日苏嘎查

图6-3　2013年德日苏嘎查卫星遥感图

图6-4　2023年德日苏嘎查卫星遥感图

2. 赛沁塔拉嘎查

图6-5　2013年赛沁塔拉嘎查卫星遥感图

图6-6　2022年赛沁塔拉嘎查卫星遥感图

三、易地扶贫搬迁村容村貌

图6-7　富兴家园搬迁村容村貌卫星遥感图

图6-8　绿韵家园搬迁村容村貌卫星遥感图

四、升级改造后的学校和医院

1. 学校

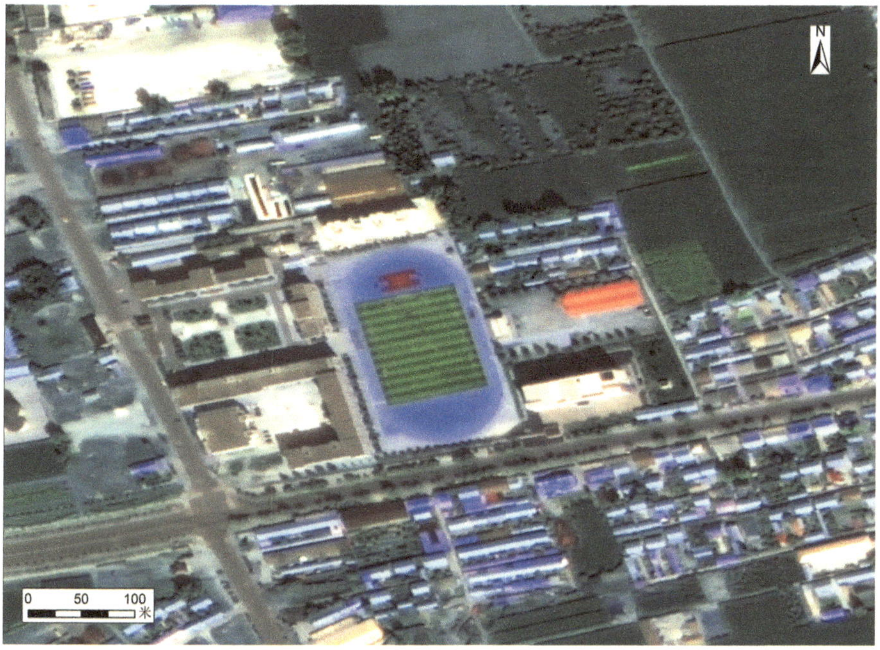

图6-9　赤峰市卫生学校卫星遥感图

图6-10　阿什罕苏木卫生院—中心小学卫星遥感图

图6-11　白音套海苏木中心小学卫星遥感图

图6-12　格日僧苏木中心小学卫星遥感图

图6-13　广德公镇中心小学卫星遥感图

图6-14　海拉苏镇蒙古族中学卫星遥感图

图6-15　解放营子乡中心小学卫星遥感图

图6-16　毛山东乡中心小学卫星遥感图

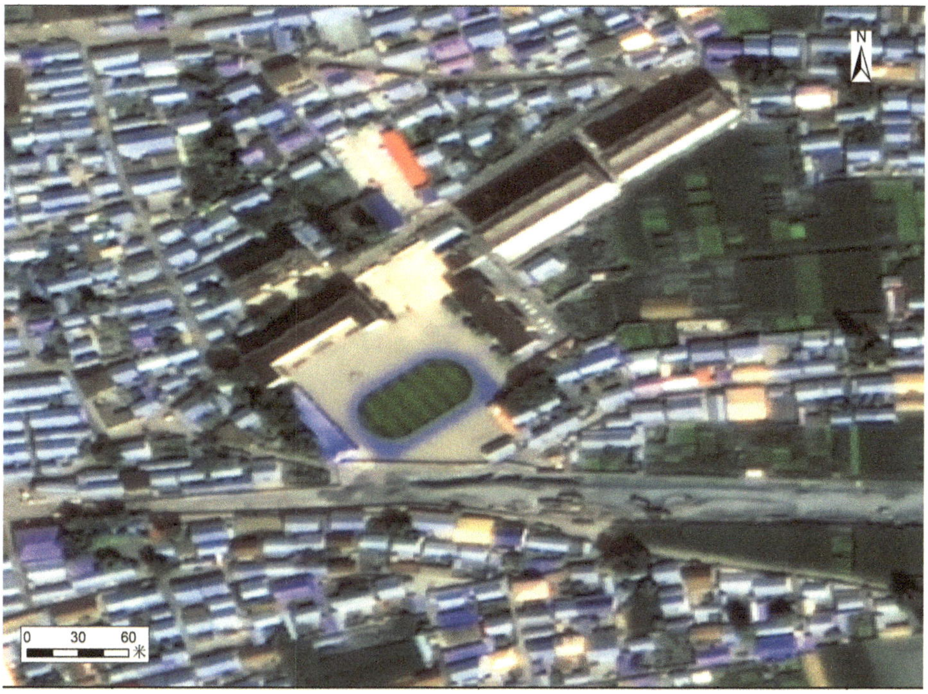

图6-17　乌丹第二小学卫星遥感图

图6-18　乌丹第二幼儿园卫星遥感图

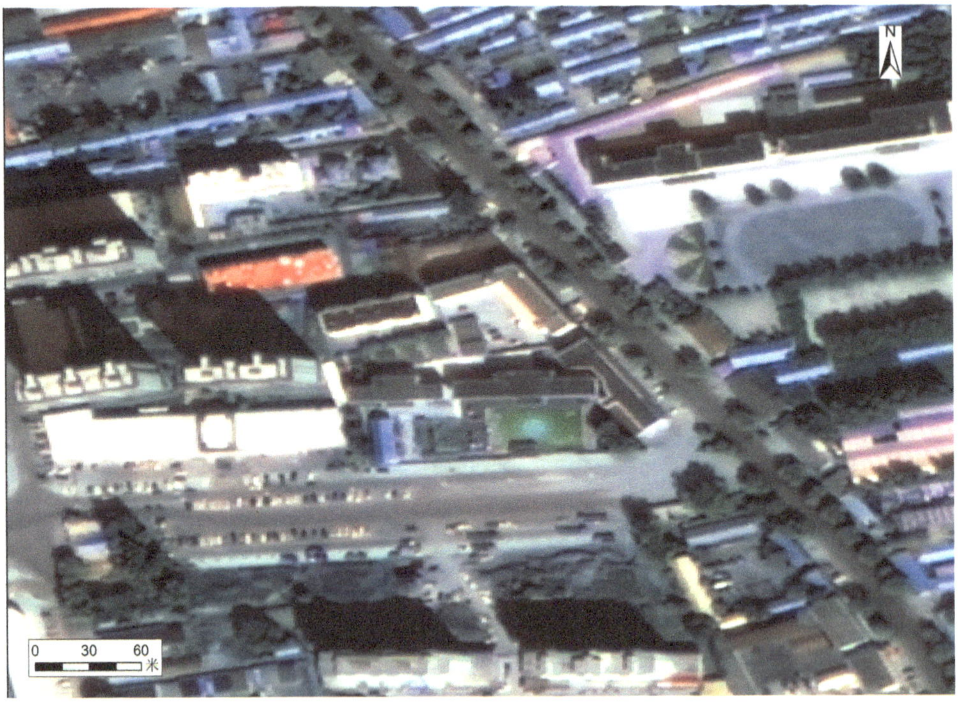

图6-19　乌丹第三幼儿园卫星遥感图

图6-20　乌丹第四幼儿园卫星遥感图

图6-21　乌丹第五小学卫星遥感图

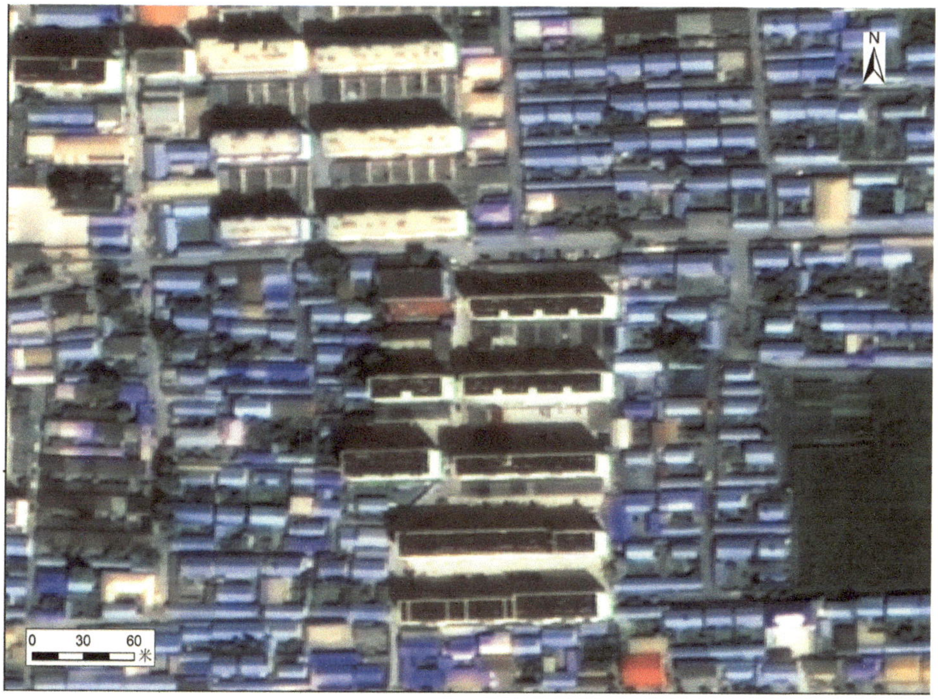

图6-22　乌丹第五幼儿园卫星遥感图

图6-23　乌丹第一幼儿园卫星遥感图

图6-24　乌丹二中卫星遥感图

图6-25　乌丹六中卫星遥感图

图6-26　乌丹蒙古族小学卫星遥感图

图6-27 乌丹蒙古族幼儿园卫星遥感图

图6-28 乌丹蒙古族小学卫星遥感图

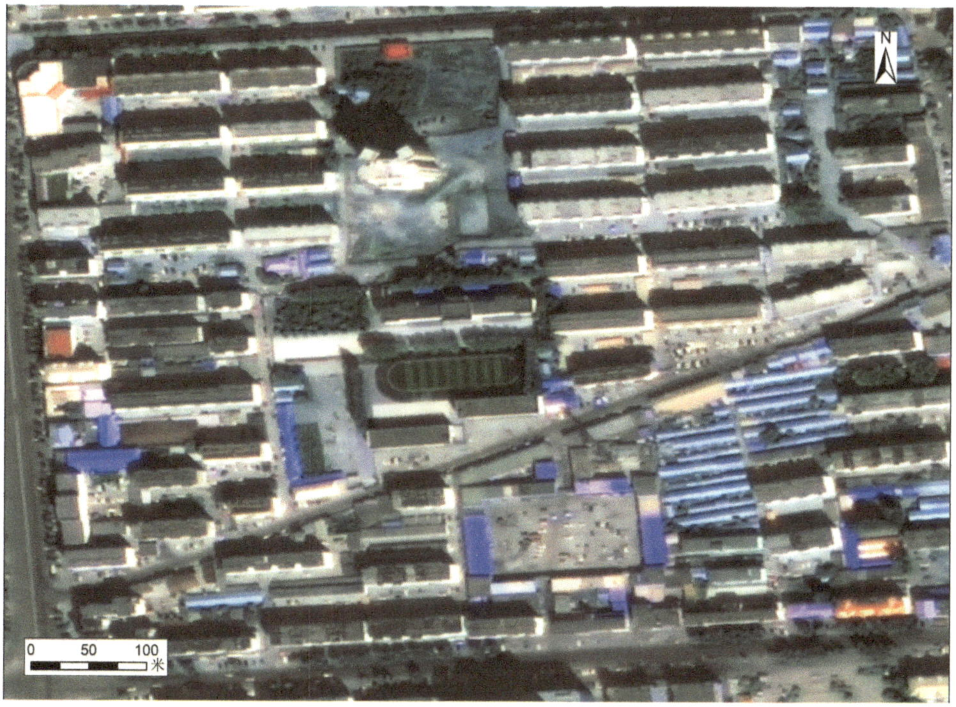

图6-29 乌丹第三小学卫星遥感图

图6-30 乌丹第三中学卫星遥感图

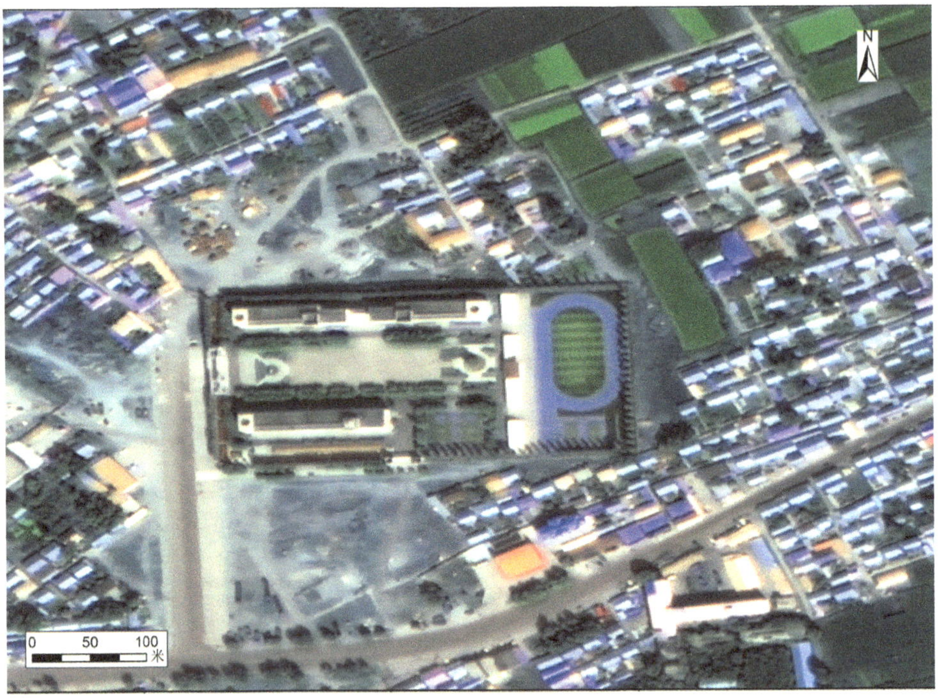

图6-31　乌丹实验小学卫星遥感图

图6-32　乌丹第四小学卫星遥感图

图6-33　乌丹第四中学卫星遥感图

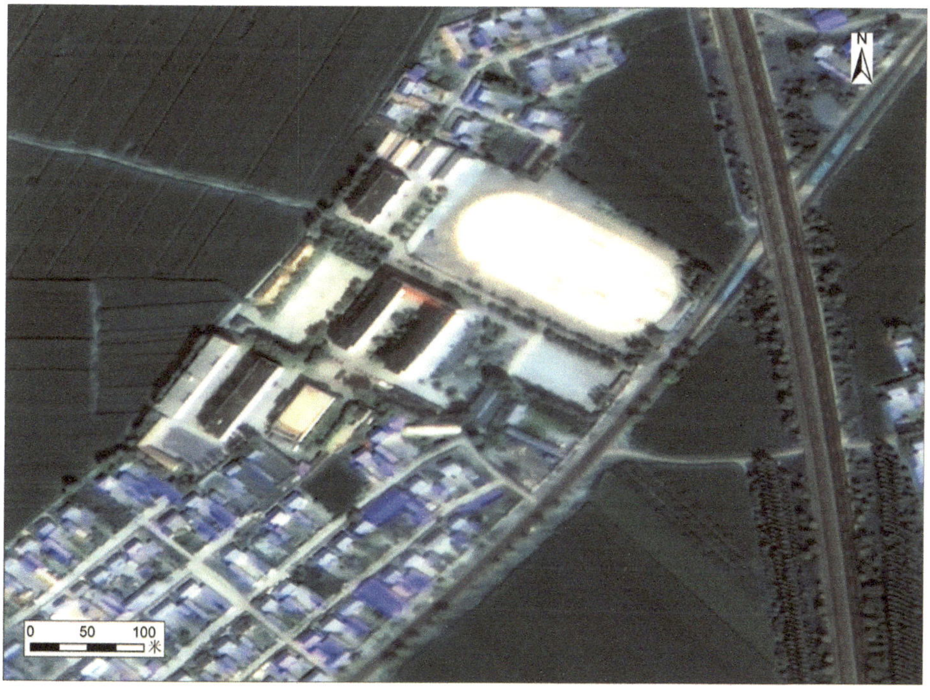

图6-34　乌丹第五中学卫星遥感图

图6-35　乌丹第一中学卫星遥感图

图6-36　乌丹镇中心小学卫星遥感图

图6-37　乌敦套海中心小学卫星遥感图

图6-38　乌敦套海中学卫星遥感图

图6-39 梧桐花中学卫星遥感图

图6-40 五分地镇中心小学卫星遥感图

图6-41 五分地镇中学卫星遥感图

图6-42 新苏莫苏木中心小学卫星遥感图

2. 医院

图6-43　巴嘎塔拉卫生院卫星遥感图

图6-44　朝格温都卫生院卫星遥感图

图6-45　山嘴子卫生院卫星遥感图

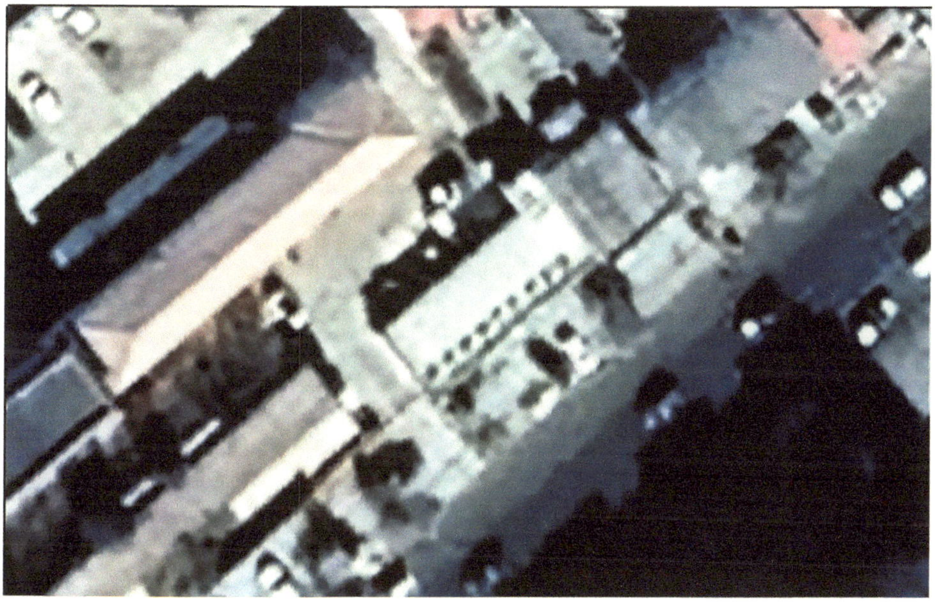

图6-46　桥头镇中心卫生院卫星遥感图

图6-47　头牌子卫生院卫星遥感图

图6-48　白音套海苏木卫生院卫星遥感图

图6-49　翁牛特旗妇幼保健院卫星遥感图

图6-50　格日僧卫生院卫星遥感图

图6-51　海拉苏镇中心卫生院卫星遥感图

图6-52　毛山东乡卫生院卫星遥感图

图6-53　全宁街卫生服务中心卫星遥感图

图6-54　乌敦套海中心卫生院卫星遥感图

图6-55　梧桐花卫生院卫星遥感图

图6-56　白音塔拉卫生院卫星遥感图

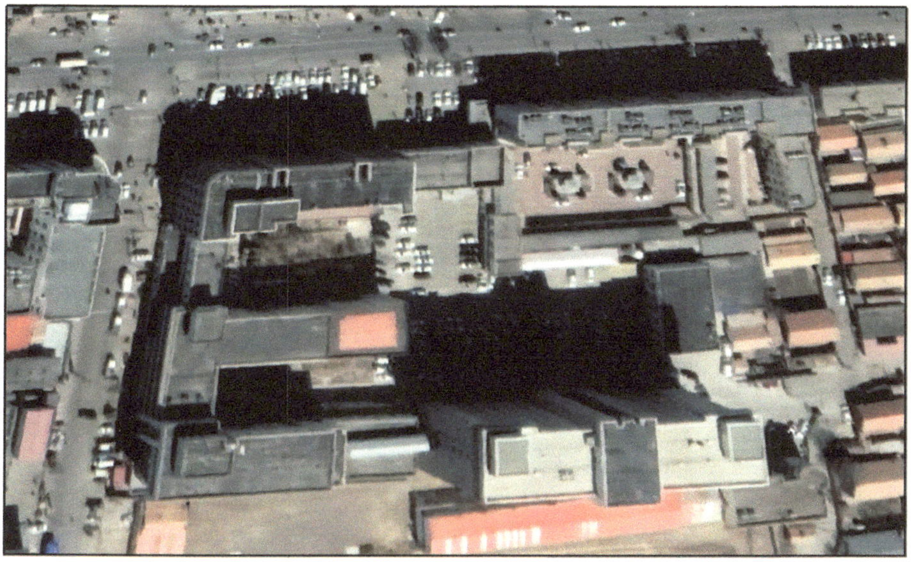

图6-57　翁牛特旗医院卫星遥感图

图6-58　翁牛特旗中蒙医院卫星遥感图

图6-59 紫城社区卫生服务中心卫星遥感图

图6-60 解放营子卫生院卫星遥感图

五、休闲健身场所

滨河公园景观绿化工程是翁牛特旗乌丹镇景观体系建设的一部分，是全旗目前建设的面积最大、规格最高的一个市民休闲、娱乐、健身的公益性场所。滨河公园自西向东分三个区域，依次为运动康体区、文化主题园与休闲娱乐区。该公园的建成，实现了城市生态资源、景观资源的保护与城市防洪水利工程综合开发和协调发展，极大地提升了城市品位。

图6-61　滨河公园卫星遥感图